Norbert H. Kern

Erfüllung eines Jugendtraumes
Expeditionen zu beiden Polen

Viel Spaß

Nobert u. Co

Dezember 2010

Norbert H. Kern

Erfüllung eines Jugendtraumes
Expeditionen zu beiden Polen

Pabst Science Publishers

Bibliografische Information der Deutschen Nationalbibliothek
Die Deutsche Nationalbibliothek verzeichnet diese Publikation in der
Deutschen Nationalbibliografie; detaillierte bibliografische Daten sind im
Internet über <http://dnb.ddb.de> abrufbar.

© 2007 Pabst Science Publishers, D-49525 Lengerich

Konvertierung und Gestaltung: Susanne Kemmer, KM-Druck
Druck: KM Druck, D-64823 Groß-Umstadt
ISBN 978-3-89967-431-6

Ja, Träume sind erfüllbar, wenn
man nicht nur darüber redet,
sondern sie angeht.
Ich habe mir meinen
Jugendtraum erfüllt und fühlte
mich unendlich gut dabei!

*Diese Tagebücher sind meiner Familie
und guten Freunden gewidmet.*

Aus dem Inhalt

Inhalt

I had a dream....

Ein Traum wird wahr...

Vorwort / Vorspann / Zuvor

Die Sehnsucht, die Welt um sich herum zu erkunden, ist wahrscheinlich so alt wie die Menschheit auf diesem Planeten.

Insofern empfand ich es als ganz normal, bereits mit 14 Jahren die erste Fahrradtour mit einem meiner Klassenkameraden zum Bodensee zu starten. Es war nicht leicht, die Eltern davon zu überzeugen, dass wir sicher und gesund wieder zurückkommen. Das war der Anfang vieler Reisen, die geplant und auch umgesetzt wurden. Mit 15 Jahren ging es zum Vierwaldstättersee, mit 16 nach Chiavari/Santa Margarita/Portofino an der Riviera di Ligure – ein Jahr später dann die große Fahrradtour mit drei der besten Freunde nach Sizilien und wieder zurück nach Frankfurt. Es folgten Geschäftsreisen in viele Länder auf allen Kontinenten (außer der Antarktis). Drei Reisen durch Alaska mit dem Motorhome, Urlaubsreisen mit meiner Familie in herrliche Gegenden, Reise mit Heide und ihrem Bruder nach British Columbia – eine Reise, die ich bereits mit meiner ersten Frau Matzel und meinen Kindern gemacht hatte. Es folgte eine wunderschöne Reise – teilweise auch wieder mit Motorhome oder Flugzeug – durch herrliche Teile Australiens. Zuvor mit Heide eine Reise durch Norwegen und anschließende Trekkingtour bereits in die Nähe des Nordpols: durch Spitzbergen.

Das war auch die Zeit, in der ich wieder davon träumte, irgendwann einmal den Süd- und Nordpol zu „besuchen". Ich könnte jetzt Gründe oder Erklärungen suchen, warum dies bis zu meinem 66. Lebensjahr immer nur ein Traum blieb. Ich könnte davon sprechen, dass ich auch meinen geliebten Handballsport betreiben wollte, sehr früh meine Familie gründete, sehr früh mein eigenes Unternehmen startete. Ich könnte so manche Ausrede finden.

Seit Ende 2004 bis Januar 2006 musste ich insgesamt sieben Mal in verschiedene Krankenhäuser, sieben Vollnarkosen ertragen. Als ich dann Ende Dezember 2005 mit der Diagnose aggressiver Prostatakrebs überrascht wurde und am 27. Dezember 2005 zum ersten Mal, am 9. Januar 2006 dann zum zweiten Mal operiert wurde, fasste ich den Entschluss: Sollte ich nach den Nachuntersuchungen die Bestätigung erhalten, dass der Krebs aus meinem Körper ist, wollte ich die Traumexpeditionen zum Süd- und Nordpol in Angriff nehmen.

Zum Glück musste ich nicht mehr die Eltern um Erlaubnis bitten wie seinerzeit bei meiner ersten Fahrradtour. Meine Kinder Kirsten und Thorsten äußerten Bedenken, meine Frau Heide kannte mich wohl und diskutierte gar nicht erst mit mir über den Sinn oder Unsinn meines Vorhabens.

Es folgte dann ab Juli 2006 in Abständen, die immer kürzer wurden, die entsprechende Vorbereitung, unter anderem ein drei Wochen langes hartes Training in der Schweiz auf über 3000m.

Training in der Schweiz

Ein Traum wird wahr...

Am 28. Dezember 2006 bestieg ich eine Lufthansamaschine über Santiago de Chile nach Punta Arenas. Hier begann ich die Aufzeichnungen in meinem Tagebuch über meine Traumexpedition zum Südpol. Am 26. Januar 2007 war ich wieder zu Hause.

Mit meinem chinesischen Expeditionsteilnehmer Jin Fei Bao hatte ich mich schon verabredet gemeinsam den Nordpol anzugehen, wenn alles noch zu machen ist und wenn der Gesundheitscheck nach dem Südpol bestätigt, dass keine ernsten Probleme in meinem Körper entstanden sind.

Mein Freund und Hausarzt Dr. Reinhold Jerwan bestätigte, dass ich auch in der Lage sein sollte, den Nordpol im April 2007 – erneut mit Ski und Schlitten – aus eigener Kraft zu erreichen.

Am 27. April 2007, 21:17 h, erreichten wir dann auch den geographischen Nordpol.

Die beiden Reisen und meine Gedanken, die mir auf den langen Wegen durch den Kopf gingen, werden in diesem Büchlein geschildert – teilweise traurige Erinnerungen, aber überwiegend schöne Gedanken.

The Last Place on Earth

Der letzte Platz auf Erden

Kapitel I

Südpol-Expedition

Last Degree (der letzte Grad) zum Südpol - auf Skiern
Dezember 2006 / Januar 2007

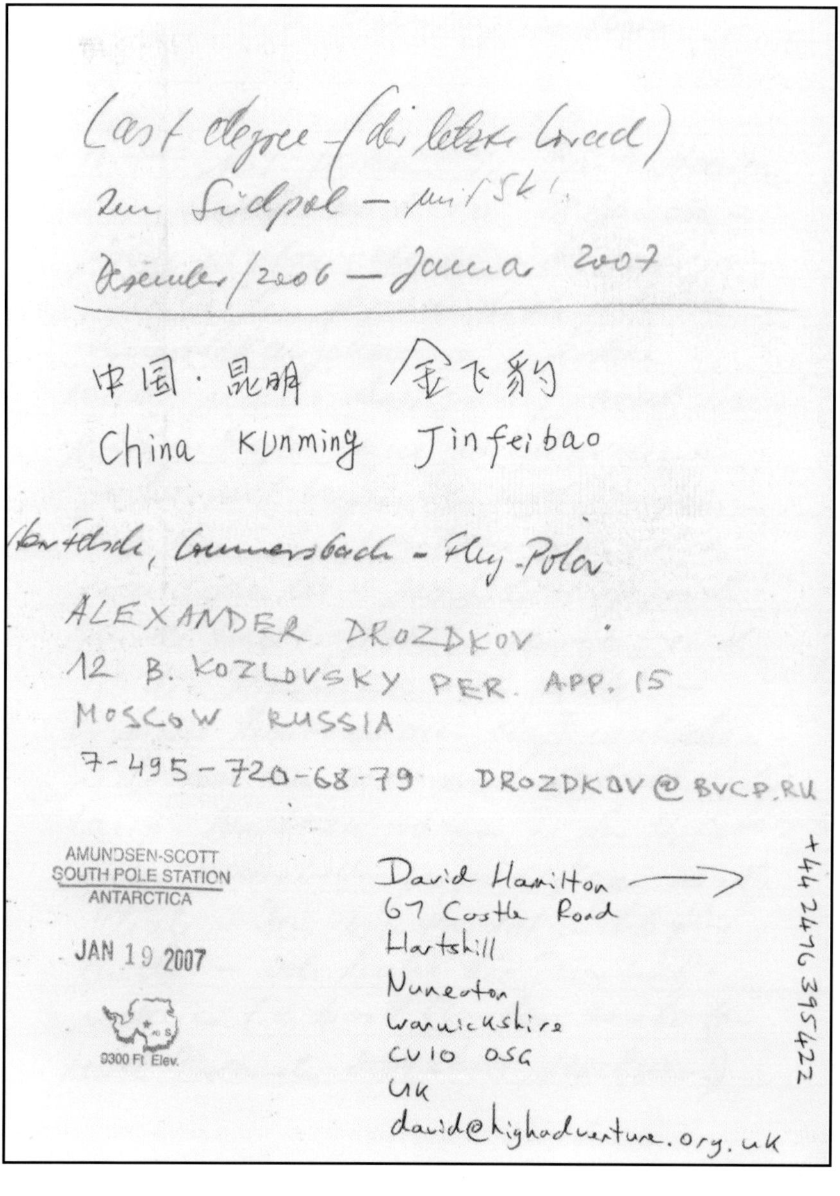

Last degree (die letzte Grad)
zum Südpol – mit Ski.
Dezember/2006 – Januar 2007

中国 · 昆明　　金飞豹
China Kunming Jinfeibao

Von Förde, Crummersbach – Flug-Polar
ALEXANDER DROZDKOV
12 B. KOZLOVSKY PER. APP. 15
MOSCOW RUSSIA
7-495-720-68-79　DROZDKOV @ BVCP.RU

AMUNDSEN-SCOTT
SOUTH POLE STATION
ANTARCTICA

JAN 19 2007

9300 Ft Elev.

David Hamilton ⟶
67 Castle Road
Hartshill
Nuneaton
Warwickshire
CV10 0SG
UK
david@highadventure.org.uk

+44 2476 395422

Die Namen der Expeditionsteilnehmer von links nach rechts: Alexandr Drozdkov (44 Jahre aus Russland), Norbert H. Kern (66 Jahre), Jin Fei Bao (40 Jahre aus China), Richard Laronde (50 Jahre aus den USA) und Expeditionsleiter David Hamilton (42 Jahre aus Schottland).

Bild links: Eintrag der Expeditionsteilnehmer in das Tagebuch von Norbert H. Kern.

Versuch eines Tagebuchs

Blick über Punta Arenas

29. Dezember 2006

Seit gestern in Punta Arenas / Chile nach 18 Stunden Flug über Santiago de Chile. Gepäck – trotz Bedenken – komplett angekommen.

Gestern wurde meine Ausrüstung exakt überprüft. Musste eine windsichere Jacke mit Kapuze nachkaufen – außerdem ein weiteres Paar Fleecehandschuhe. Das „Südpol-Gepäck" wurde bereits gestern gewogen und in die Ilyushin 76 geladen.

Es sieht heute so aus, dass wahrscheinlich erst am 30. Dezember nach Patriot Hills Camp – bereits ca. 700 km in der Antarktis – wegen „Wetterbedingungen" geflogen wird. Schade – das Warten ist nichts für mich!

Ich habe die Expeditions-Teilnehmer (Richard Laronde aus Boston und Alexandr Drozdkov aus Moskau) gestern, 28.12.2006, bei gutem Abendessen kennen gelernt. Richard ist 50 Jahre alt, Alexandr 44 Jahre – passt! Beide waren vor zwei Jahren bereits am Nordpol – Richard die letzten 20 km, Alex die letzten 80 Miles auf Skiern. Südpol soll bedeutend härter sein, laut Richard.

Einführung in unser Vorhaben erfolgte gestern durch einen „Peter", Teilhaber der ANI (ELI). Wir hatten Gelegenheit, uns Punta Arenas etwas anzusehen – unter anderem das Magellan-Denkmal. Der Portugiese Magellan befuhr 1520 als erster Seefahrer diesen Seeweg zwischen Südamerika und Feuerland.

Sollten wir heute nicht fliegen, sehen wir uns die erste Pinguin-Kolonie an (ca. 30 km von Punta Arenas).

Richard hat eine Website eingerichtet, die er mit seinem mitgebrachten Laptop ständig up-to-date bringt. Die ersten Bilder und Geburtstagsgruß an Niki konnten bereits von Heide bestätigt werden.

Es ist gut, dass ich vom Hotel aus Telefonkontakt mit meiner Heide haben kann – möglicherweise auch über Richard's Iridium-Handy auf dem Weg übers Eis zum Südpol.

Wetter hier in Punta Arenas: ca. + 8 bis 12 °C, wechselhaft: Sonne, Wolken, wenig Regen. Viel Grün und Blüten, herrliche Lupinen, Punta Arenas hat den Charme einer europäischen Kleinstadt in den Jahren 1900/1950.

Ich versuche dieses „Tagebuch" täglich zu vervollständigen.

Nun: Warten auf den Start in die Antarktis!! Es gab schon Verspätungen des Abfluges von 7 bis 14 Tagen. Selbst bei der Messner/Fuchs-Expedition über den Südpol 1989 – durch die Antarktis (übrigens mit der Flug- und Organisations-Unterstützung der Fa. ANI-ALE, die auch unsere Tour organisiert) gab es 29 Tage Verzögerung!

Vor drei Tagen kam ein Chirurg aus England von der Mount Vinson-Besteigung mit erfrorenen Händen zurück – verliert wahrscheinlich vier Finger. Verlor nach einem Rutsch in eine Spalte seine Handschuhe, die er auszog, um sich vom Schlitten zu befreien!! 15 Minuten waren ausreichend!! Habe mir vorgenommen, sehr diszipliniert zu sein !

Erkenntnisse aus einem Videovortrag über die Erfahrungen in Eis und Kälte.

Noch 29.12.2006:

Anruf von Mark/ANI gegen 9:50 h: zu windig in Patriot Hills (28 Knoten!?). Nächster Anruf gegen 12:30 h, ob ....

Natürlich fühle ich etwas Spannung: Gedanken über genügend Vorbereitung, richtiger Umgang mit Kleidung auf dem Eis zum Südpol. Halten die Hüften? Was, wenn Skibindung bricht? Wir packen es!!

14:30 h – nächster Anruf um 18:30 h. Nur noch geringe Chance, heute nach Patriot Hills zu fliegen! Wind noch nicht „schwach" genug.
Warten .....

Besuchten den Palacio Senora Braun. Hier bat Shackleton 1916 – nach seiner Reise von der Antarktis über Elephant Island durch die offene See mit einem

In Punta Arenas bittet Shackleton um Hilfe für seine Männer. Gemälde in der Shackleton-Bar

Julio de 1916 — July of 1916
Mientras Shackleton está en Punta Arenas, pide ayuda para rescatar a sus hombres.
While at Punta Arenas, Shackleton asks for help to rescue his men.

Rettungsboot – um Hilfe für seine Männer, die Wochen auf Elephant Island überlebten. Er erhielt diese und startete mit einem kleinen Schiff die Reise durch die Maggelan-Straße und das „Drake-Meer" zu seinen Männern. Alle 28 Mitglieder seiner Expedition wurden gerettet! Nächste Information über eventuellen Flug noch heute um 20:30 h.

Nun ist es sicher, dass wir heute nicht mehr nach Patriot Hills fliegen! Noch unsicher, ob wir morgen fliegen können!

Habe das Buch, das Arved Fuchs über seine Südpol-Expedition (Antarktis-Durchquerung) schrieb, nun zu ende lesen können. Respekt – aber keine Bedenken, dass ich die letzten 138 km nicht schaffe! Konnte kleine Kniffe von Richard und John aufnehmen! – Dinge, die mir helfen, keine Handschuhe und wichtige Dinge zu verlieren. Vieles hängt natürlich vom unsicheren Wetter in der Antarktis – und auf dem 3100 m hohen Plateau – ab, auf dem wir uns mit unseren Skiern und Schlitten bewegen. Manchmal wünsche ich mir schon, extreme Bedingungen zu erleben!

Hatte während des Mittagessens Gelegenheit, mit Doktor Marten, der ANI-ALE-"Expeditionisten" betreut, länger zu sprechen. Er ist der Arzt, der meinen Antrag incl. physische Kondition begutachten musste. Er kennt meine Situation (7 Narkosen in 2 Jahren) genau – und meint ebenso keine Bedenken zu haben! –

30. Dezember 2006

Nikis Geburtstag! Denke oft an Heide, meine Kinder und Enkel!
Nun warte ich auf Anruf
6:30 h / 13:00 h – nächste Information um 18:30 h - keine Chance!
Wir gehen nun zu einer Pinguin-Kolonie!

Konnte auf Umwegen Niki erreichen!
Schlecht geträumt von Heide – eigentlich wie immer .....

18:30 h – Der Wind bläst noch immer zu stark – nur eine geringe
Chance, noch heute abzufliegen – nächste Information um 20:15 h. Das
Warten ist mehr als lästig!

Richard, John und ich fuhren mit einem gemieteten Taxi nach Otway
und beobachteten eine Pinguin-Kolonie – die Jungen beginnen zu
schwimmen. Auf dem Weg zurück konnten wir die Arbeit von zwei
Gauchos beobachten, die mit ihren Hunden eine Kuhherde zum Melken
trieben. Herrlich! Erinnerte mich an ein schönes Erlebnis mit Matzel vor
bald 20 Jahren in Argentinien!

Pinguine vertreiben uns die Wartezeit

Die Gauchos bei Ihrer Arbeit.

2 Antonovs vor Abflug nach Patriot Hills.

Auf dem Weg zurück von den Pinguinen sahen wir eine Antonov der Russen landen. Russland stationiert zwei Antonovs und zwei ihrer riesigen Hubschrauber in Punta Arenas/Patriot Hills. 2007 – 2010 werden die Jahre der Pole sein. Einiges ist geplant hierfür. Hoffe, die Antonov bei Abflug fotografieren zu können! Die ersten politischen Diskussionen mit John und Richard machen Spaß. Bin sehr gespannt, wie das wird mit unserem russischen Team-Mitglied Alexandr! Welch interessante Kombination: Russe, Amerikaner, Schotte, Chinese und Deutscher – nehme an, wir haben genügend Zeit!

Sollten wir heute nicht mehr fliegen, haben wir einen Tisch gebucht im Palacio Senora Braun (vor über 100 Jahren von einem Deutschen gebaut – mehr weiß ich zur Zeit nicht) – eines der besten Restaurants in Punta Arenas! Das wunderschöne Gebäude, in dem Shackleton 1916 um Hilfe bat und sie auch erhielt!

31. Dezember 2006

0:30 h – Wie es aussieht, soll es nun gegen 8:30 h losgehen! Abendessen bei Signora Braun haben wir genossen – letztes schönes Abendessen, womöglich bis zum 14.1.2007!
Es geht los zum 7. Kontinent – dem Kontinent mit 70 % Wasserreserven für unsere Welt. 90 % des Eises befinden sich hier. Ein Kontinent, größer als Europa. Ab zum Südpol – dem Platz, an dem man in ca. 12 Sekunden alle Kontinente der Welt „besuchen kann", dem Punkt, von dem aus alle Wege nach Norden führen!
So langsam kommt doch ein gewisses „Kribbeln" auf!

Zwei weitere Anrufe (6:30 und 9:30 h) – negativ! Angeblich immer noch zu starke Winde in Patriot Hills. Wir spekulieren – wie seinerzeit Messner und Fuchs, die sich ja auch ANI/ALE bedienten – ob es andere Gründe geben könnte (bessere Auslastung Hin- und Rückflug ?). Da es keinerlei Alternative, kein anderes Unternehmen gibt, das den 89. Breitengrad Süd anfliegt, von wo aus wir unsere Expedition zum geografischen Südpol starten, bleibt uns nur, in Geduld auszuharren!

Habe einen etwas längeren Spaziergang schnelleren, größeren Schrittes zum Meer (Magellan-Straße) und dann auf den Peak von Punta Arenas hinter mir. Teilweise in Polarkleidung, so dass es mir warm wurde. Betrachte dies als leichtes Training, um fit zu bleiben!

Mache mir Gedanken, wo wir zu Abend essen und das Jahr 2007 erwarten ....

War die ganze Zeit von Anruf zu Anruf optimistisch – nun glaube ich schon nicht mehr daran, dass wir die Antarktis noch im Jahr 2006 betreten.

Es wird langsam Zeit, dass wir Punta Arenas verlassen – mag das Frühstück nicht mehr, das ebenso langweilig ist wie das Warten!

Übrigens: Auf einigen Inseln – Australien vorgelagert – haben die Menschen das Neue Jahr bereits begrüßt – 8:00 h hiesige Zeit. Wir kommen dem Südpol näher!

Erneut kein Abflug! Die Winde in Patriot Hills wurden stärker! Über CNN bleibe ich etwas informiert. Wenig oder bis dato keine Nachrichten über Deutschland.

Sah gerade den Start in das Jahr 2007 in Sydney. Die Brücke, die wir einige Male überfuhren während des herrlichen Urlaubs mit meiner geliebten Heide, Kirsten und Stefan, feiert ihr 75. Bestehen. Selbst im Fernsehen war das Feuerwerk um „0" Uhr – 1. Januar 2007 – noch beeindruckend!

* * *

Gemeinsame Urlaube mit Heide sind herrlich! Warum mache ich eigentlich so etwas wie die letzten 138 km per Ski zum Südpol? Warum immer wieder mal Dinge, die andere nicht tun (oder nur wenige Menschen)? Ist es ein „Heraustreten" aus der Menge? Selbstbestätigung? Suche nach einem Abenteuer? Warum jetzt noch mit 66 Jahren??

Mal auf dem Südpol und Nordpol zu stehen war schon ein Wunschtraum mit 14 Jahren, Vater erzählte mir oft von Scott, Amundsen und Shackleton. Auch er hätte solche Reisen gerne gemacht! Neun Kinder, vielleicht aber auch seine angegriffene Gesundheit haben dies nicht erlaubt. Er verlor während seiner Kriegsgefangenschaft im Ersten Weltkrieg in Russland alle seine Fußzehen. Ich vergesse nie, wie er mir von seiner Zeit in einem russischen Kriegslazarett erzählte. Wochenlang hatte er große Schmerzen; die Erfrierungen reichten bis zu den Knien. Er meinte, in Deutschland hätte man ihm bei solchen Erfrierungen die Unterschenkel amputiert! Er glaubte, die Russen wollten ihn quälen, weil man ihm trotz Verlangen die Unterschenkel nicht „abnahm", sondern langsam wieder heilen ließ. Nachdem offensichtlich allmählich wieder Leben in die Beine kam, war er den russischen Ärzten dankbar!! Wie hätte er sonst den langen Marsch 1919 wieder zurück nach Deutschland antreten können?

Erstaunt – und vielleicht auch stolz – bin ich noch heute auf seine Teilnahme auf der „Roten" Seite während der Oktoberrevolution 1917 in Russland. Dies muss ihn stark geprägt haben. Politische Diskussionen mit ihm waren um so härter, lauter, nach meiner damaligen Einstellung auch nicht leicht. Er hatte als Idealist eine politische Veränderung der weltweiten Situation gewünscht. Was dann aus dem von ihm gewünschten Wechsel nach Ende des Zweiten Weltkrieges wurde, wollte er nur ungern realisieren. Wenn ich meine – oft ja nur „fragenden" – Argumente über die nun eingetretene Situation in den sozialistischen Ländern vortrug, gab es unweigerlich Streit: Ich verstünde nichts von Politik, sei noch viel zu unerfahren, es seien eben die Westmächte und vor allem das kapitalistische Amerika, die den Aufbau eines gerechteren Systems – womit er natürlich den Sozialismus meinte – mit aller Macht verhindern werden! Das erkannte auch ich so. Er wollte aber nicht akzeptieren, dass der bestehende Sozialismus direkt, mit teilweise für mich nicht akzeptablen Methoden, die Freiheit der ihm „anvertrauten" Menschen stark einschränkt. Nach Rückkehr von Handballspielen in der DDR oder anderen sozialistischen Ländern wollte ich Vater deren persönliche Situation schildern, wollte ihm davon erzählen, wie schwer es war, oder gar unmöglich, politische Diskussionen mit den Spielern unserer gegnerischen Mannschaft zu führen. Er lehnte es ab, glaubte mir wahrscheinlich nicht, oder wollte es möglicherweise nicht wahrhaben, welcher Sozialismus in dieser Zeit (1959 und folgend) tatsächlich existierte!! Er wählte nach 1945 – wie viele seiner politischen Freunde, die den Nazi-Terror überlebten – die KPD, führte abends stundenlange Gespräche mit den Parteimitgliedern, arbeitete mit an der, ich glaube zweimal monatlich erscheinenden „DIE TAT" und konnte nicht verstehen, dass der Stimmenanteil der KPD bei freien Wahlen nach 1945 so gering ausfiel. Er konnte nicht verstehen, dass beide „Deutschlands" wieder militärisch aufgerüstet wurden und dass meine Brüder Otto und Fritz wieder Angebote erhielten, in der Bundeswehr Aufgaben zu übernehmen. Mussten beide doch nach der Entlassung aus der Kriegsgefangenschaft schwören, nie wieder eine Waffe in die Hand zu nehmen. Es war wie allen politisch Interessierten so auch ihm klar, dass der kalte Krieg kurz nach Ende des heißen in vollem Gange war, dass sich zwei Blöcke bildeten, zum einen unter der Führung Amerikas und zum anderen Russlands. Und er und seine politischen Freunde hofften, dass der Sozialismus durch freie Wahlen auch dort siegen würde, wo er noch nicht an der Macht war.

Er sah voraus, dass zum Beispiel Jugoslawien, das mit starker Hand von Tito zusammengehalten wurde, nach dessen Tod wieder in Einzelstaaten auseinander bricht.

Er wollte einen sozialistischen Staat mit starker Führung, der das Wohl aller arbeitenden Menschen im Focus hat und nicht nur das Wohl der Führungsschicht, politisch oder wirtschaftlich. Und unter diesen Voraussetzungen wünschte er sich die Wiedervereinigung.

Er begrüßte auch das gemeinsame Unternehmen de Gaulles und Adenauers, so kurz nach Kriegsende ein größeres Europa zu schaffen, damit kriegerische Auseinandersetzungen – mit den katastrophalen Ergebnissen der beiden letzten großen Kriege, die von Deutschland ausgingen – in Europa für immer ausgeschlossen sind. Er dachte natürlich an ein Europa unter sozialistischen Voraussetzungen, da er fest daran glaubte, dass Kapitalismus militärische Auseinandersetzungen nicht ausschließt, sondern eher unterstützt.

Er behielt im Fall Jugoslawien recht.

Deutschland wurde wiedervereinigt, nicht unter seinen gewünschten Voraussetzungen. Die Europäische Union wurde nach seinem Tod immer größer – durch Anschluß von Ländern, die demokratisch geführt werden. Und wir haben Frieden über einen so langen Zeitraum, den

Europa nicht gewohnt war. Mit den Ausnahmen des auseinander gefallenen Jugoslawiens und begrenzten Auseinandersetzungen, die teilweise religiösen Hintergrund haben. Gut so, das an einem Jahreswechsel aus europäischer Sicht zu sehen.

Aber es gibt noch viel zu viele Krisenherde. Denke ich an Irak, Israel/Palästina, Afghanistan, möglicherweise demnächst Iran, nachdem der offene Krieg zwischen Israel und Libanon beendet wurde. Dann denke ich auch an den afrikanischen Kontinent, der insgesamt Frieden dringend nötig hat.

Am 30. Dezember 2006, gestern also, wurde Saddam Hussein erhängt. Ich glaube nicht daran, dass nun kurzfristig der Bürgerkrieg im Irak, nach dem von Amerika/England und anderen begonnenen Krieg, beendet wird. Zumindest sprechen die Autobomben, die kurz nach Saddam's Tod wieder über hundert Menschen töteten, nicht dafür. Die westlichen Länder sollten sich so schnell wie möglich aus Irak zurückziehen. Auch wenn über die Ausnutzung der irakischen Ölfelder neu zu verhandeln ist – dann ohne militärischen Druck!! Bush konnte dem Land bis heute keinen Frieden bringen. Die verschiedenen religiösen und kulturellen Gemeinschaften müssen durch politische Gespräche zum Leben miteinander in Frieden geführt werden. Das hat Gerhard Schröder und einige andere Freunde Amerikas vorhergesehen.

Persönlich habe ich einige politische Diskussionen mit Freunden und Bekannten geführt und oft bösartige, teilweise beleidigende Reaktionen einstecken müssen. Die kurze Geschichte der letzten Jahre Krieg und Mord im Irak bestätigten meine Gründe der Ablehnung dieses Angriffs. Man hätte Saddam auch ohne die enormen Zerstörungen und weit über 200.000 Toten bis Ende 2006 ausschalten und dieses Chaos begrenzen können. Das wird von vielen klugen Wissenschaftlern und Politikern in der Zwischenzeit auch erkannt.

* * *

Wir werden heute nicht mehr in die Antarktis fliegen, das ist nun leider sicher.

Ich werde mit Richard aus Boston, John aus San Diego und Alexandr aus Moskau in Punta Arenas das Jahr 2007 begrüßen. Romantischer wäre es sicher im Schlafsack in einem kleinen Zelt auf dem Plateau in ca. 3100 Höhe auf der Antarktis gewesen!

Hoffentlich nehmen sich die großen Politiker vor, 2007 mehr Frieden auf diesem schönen Planeten zu schaffen!

Für mich wünsche ich mir, vorerst gesund den Südpol per Ski zu erreichen und weiterhin noch sehr schöne Zeiten mit meiner Heide zu genießen. Meinem Sohn Thorsten wünsche ich vor allem wieder Friede im Herzen zu finden – vielleicht auch einen Weg zurück zu Heike und damit zu seinen tollen Kindern. Meiner lieben Tochter Kirsten wünsche ich Glück mit Dirk und seinen beiden Söhnen (wie von Heide geschildert sind sie besonders nett). – Und wenn das zügig geht, könnte es auch bald von Kirsten Nachwuchs geben. Ein schöner Gedanke!

* * *

Punta Arenas - Windstärke 47 Knoten

1. Januar 2007, 11:00 Uhr

Der Wind wurde noch stärker in Patriot Hills (47 Knoten), dreimal so stark wie er für die Landung sein dürfte. Sollte das nicht kurzfristig vorbei sein, werden wir auch heute nicht starten. –

Es gab Gelegenheit, mit einigen Herren der Fa. ANI zu diskutieren. Wir werden den Eindruck nicht los, dass nicht nur der Wind in den letzten drei Tagen der Grund für die Verzögerung des Abfluges sein könnte! Eine „Hannah McKeand" überquerte die Antarktis in Rekordzeit mit Ski und Schlitten alleine. Sie kam vor ca. drei Tagen am Südpol an; vielleicht hängt dies und der Besuch einer russischen Delegation (mit Antonov 124 und zwei riesigen Hubschraubern) mit den Verschiebungen der letzten drei Tage zusammen!? ANI/ALE hat einiges hierfür zu organisieren. Trotzdem scheint der starke Wind heute einen Flug nicht zu gestatten ... oder aber er lässt schlagartig nach – auch das gibt es hier und ist von Arved Fuchs in seinem Buch erwähnt. Bleibt uns nur, die erwähnte Geduld aufzubringen und herumzulaufen, um zumindest etwas die Kondition, die ich mir während meiner beiden Trainingswochen erarbeitet habe, zu konservieren. Frage ist auch, ob mein Körper die Höhenanpassung so lange vorhält. Rudolf Pollinger, mein Trainer während der insgesamt 12 Tage in Zermatt, Grächen und im Simplon-Gebiet, sprach von ca. 14 Tagen, die der Körper die „Höhenanpassung" vorhält – müsste jetzt wieder dahin sein!? Wir starten auf dem Antarktis-Plateau bei ca. 3.100 m über dem Meer! Das sei allerdings mit 3.500 / 3.600 m ü.M. in den Bergen zu vergleichen! Sehen wir dann vor Ort – ich bin nach wie vor optimistisch, dass mein Körper mich nicht im Stich lässt!

Ob ich die Geduld habe, die Messner und Fuchs aufbringen mussten (29 Tage Wartezeit), bezweifle ich stark!! Das ist leider etwas, was ich in meinem Leben bis heute nicht lernte. Ich weiß nicht was richtig ist:

nicht lernen wollte oder aufgrund von Dingen, die von Kindesalter an von mir zu organisieren waren, zur gleichen Zeit nicht lernen konnte?? John und Richard wollen mir das hier beibringen – warten wir ab!! Vielleicht – wie erwähnt – lässt der Wind ja kurzfristig nach und wir starten.

Übrigens haben wir die Neujahrsnacht mit überwiegend einheimischen Familien im „Golden Dragon"-Restaurant verbracht. Das Team, das gemeinsam den Südpol erreichen will, war fast komplett: Russland, USA, Deutschland. Der Abend lief eigentlich so ab, wie ich das auch in Deutschland erlebt habe, wenn nicht privat etwas organisiert war – wie übrigens viele Jahre, nachdem Matzel, die Kinder und ich unser Haus am Knabenborn bezogen hatten!

Es gab chinesisches Buffet, kurz vor 24:00 Uhr wurde Sekt eingegossen, Kindertrompeten, Luftschlangen, Masken und kleines Tischfeuerwerk verteilt. Und Punkt 24:00 Uhr wurde geblasen, geprostet und sich gegenseitig umarmt. Ich habe natürlich meine Heide, meine Kinder und Enkelkinder in diesem Moment sehr vermisst! Heide konnte ich telefonisch erreichen, ebenso Heike. Kirsten war – wie zu erwarten – eine halbe Stunde lang besetzt. Ich gab dann auf! Das war der Jahresechsel 2006/2007.

Jahreswechsel im Golden Dragon

Denkmal für O'Higgins

Nun warte ich wieder am Telefon auf den Anruf, der hoffentlich zum Fertigmachen für den Flug auffordert!!

Bis jetzt haben wir einen Spaziergang ans Meer und durch den Park gemacht. Sahen das Denkmal für O'Higgins, dem Befreier Chiles, und einigen anderen Seefahrern und Abenteurern, die Punta Arenas zum Ausgangspunkt für Expeditionen durch Patagonien und zur Antarktis machten. In einem kleinen Café traf ich ein Ehepaar aus Tübingen, das seit Juli 2006 unterwegs ist durch Südamerika. Als Lehrer bekam er ein Jahr Urlaub und wird erst wieder im Juli 2007 nach Reisen durch Chile, Brasilien, Argentinien, Uruguay zurückkehren. Etwas für 2008 !?

* * *

Gedanken sind nicht zu unterdrücken. Ob ich nicht doch meine beruflichen Aktivitäten hinter mich bringe und mir den Teil der herrlichen Welt mit Heide ansehe, der noch aussieht?! Und zwar solange ich noch mobil genug bin?! Es gibt eine Menge Gründe dafür – aber auch einige dagegen ... Freude am beruflichen Aktivsein selbst – Heide, die nicht immer große Reisen liebt aus Sorge um ihren Vater. Aber auch mir würden bei einem Jahr reisen meine Kinder, Enkel und auch Schwestern fehlen! – Vielleicht muss mir der Körper ein letztes Zeichen geben, um zu etwas mehr Ruhe zu kommen?!

* * *

2. Januar 2007

Es ist 9:00 Uhr morgens. Wir hatten bereits unser inzwischen langweiliges Frühstück (keinerlei Abwechslung: Säfte, Kaffee, Tee, Toast, Eier, Marmelade – kein Honig –, Fruchtsalat). Ich esse, was Vitamine und Kraft enthält. Gegen 9:30 Uhr soll es die nächste Nachricht geben. Selbst die ANI/ALE-Leute, die im Hotel wohnen, zeigen nun Ungeduld. Ich habe seit gestern keine Jodthyrox mehr – und nur noch 2 Voltaren – alles bereits seit 29.12.2006 in der Maschine, ohne dass ich an mein Gepäck kommen kann. Man teilte uns gestern mit, dass wir unsere dicken Handschuhe – polsicher! – bereits in Patriot Hills nach der Landung benötigen. Ich habe für die erste Meile vom Flugzeug zum Camp nur meine Fleecehandschuhe hierbehalten. Die beiden Begleiter meinen, ich sollte hier nochmals dicke Handschuhe kaufen. Ich versuche heute – sollte in einigen Minuten nicht zum Start geblasen werden – die Handschuhe, Jodthyrox und Voltaren zu kaufen.

Wie viel Geduld mußten Messner, Fuchs und andere aufbringen, um die passenden Voraussetzungen für den Marsch zum Südpol abzuwarten!!

Ich muss Heide schon heute bitten, einige Termine nach dem 15. Januar zu verschieben. Auf keinen Fall werde ich am 15. Januar, wie geplant, zurück sein! Ich war in jeder Hinsicht zu optimistisch und konnte mir nicht vorstellen, dass Verzögerungen selbst von fünf und mehr Tagen möglich seien. Aber die Antarktis ist doch etwas anderes!! Ich mache mir auch wieder Gedanken darüber, wie schnell die antrainierte Kondition und Höhenanpassung anhält. Mache einige Übungen im Hotelzimmer. Ob es was bringt??

Muss noch etwas Papier kaufen, um ausreichend „ausgestattet" zu sein für lange Nächte ohne Dunkelheit im Zelt! Mein Tagebuch ist bald voll, wenn es nicht bald losgeht.

Immer noch 2. Januar 2007

Habe auf Anraten der beiden amerikanischen Freunde Schnüre gekauft, um damit die Züge der Reißverschlüsse an meinen Jacken, Hosen und Hemden zu verlängern. Dies scheint notwendig, um mit den dicken Handschuhen Jacken, Hosen zu öffnen – natürlich auch die Abdeckung meines Gepäcks auf dem Schlitten!

* * *

Habe gerade Teile der Trauerfeier anlässlich der Beerdigung des ehemaligen US-Präsidenten Gerald Ford in CNN miterlebt. Ich hatte die große Ehre, 1980 oder 1982 auf einem Flug von Los Angeles nach New York in der ersten Klasse eines American Airline-Fluges hinter ihm zu sitzen. Da er eine Reihe für sich hatte, fragte ich ihn, ob ich kurz neben ihm sitzen könne. Seine „Wachmänner" erlaubten es. Ich hatte eine gute halbe Stunde nette – für mich natürlich spannende – Gespräche mit ihm. So wie ich veranlagt bin, habe ich das damals hoch aktuelle Thema „Vietnam" angeschnitten. Ich erhielt eine klare Antwort, dass er eine Entscheidung, nach den Franzosen in Vietnam einzumarschieren, niemals getroffen hätte. Er fragte mich nach meiner Herkunft, was ich beruflich mache, Grund meines Aufenthaltes in USA etc. Natürlich musste ich von meinem Vater erzählen, seiner Zeit in Russland während der Oktoberrevolution 1917, sein Verhalten im Zweiten Weltkrieg etc. Er äußerte Respekt zu dem, was Vater im und nach dem Ersten Weltkrieg tat und zu seinem Verhalten im Zweiten Weltkrieg – Unterstützung einer jüdischen Familie mit dem Risiko, das er damit einging. Watergate war kein Thema!

Gestern hatte ich in CNN ein Interview gehört, dass Larry King vor einem Jahr mit Gerald Ford führte – mit der klaren Aussage – wie auch von Gerhard Schröder –, dass es ein Fehler war, Irak anzugreifen. Ein großer Mann lebt nicht mehr!

* * *

Weitere Kunden von ANI/ALE sind gestern und heute angekommen, die alle nach Patriot Hills geflogen werden wollen. Dort besteigen sie entweder Mount Vinson oder fliegen weiter zum Südpol. Keine Kunden, die – wie wir – die letzten 90 Meilen per Ski, Schlitten und Zelt bewältigen wollen. Viele Menschen tun das offensichtlich tatsächlich nicht! Ich hoffe, dass die Winde in Patriot Hills nun bald abflauen und es endlich losgehen kann!

Träumen vom Startschuss ...

3. Januar 2007

Weiter warten auf den Abflug! Wann in meinem Leben habe ich jemals so viel Geduld aufbringen müssen? Wann so lange auf etwas Besonderes warten müssen?

Ja, vor nicht allzu langer Zeit auf das Ergebnis der Prostata-Untersuchung nach der zweiten Operation am 9. Januar 2006! Sehr ungeduldig war ich auch in der Jugend vor meinen Fahrradtouren. Die Tage vor meinen Hochzeiten mit Matzel und Heide gingen vorbei, ohne es wahrzunehmen! Aber dieses Warten auf den Anruf alle zwei bis drei Stunden an einem weniger interessanten Ort, ohne dass man sich etwas vornehmen kann für einen ganzen Tag, ist natürlich nichts Alltägliches. Man hat so viel Zeit, über vieles nachzudenken, das man während sehr aktiven Zeiten beiseite schiebt.

* * *

Bilder, die ich in den letzten Tagen bei CNN über Krisengebiete der Welt im abgelaufenen Jahr sah, haben mich auch an meine Kindheit ab Ende 1944/45 erinnert. Trümmer im Irak, in Somali, Afghanistan, Palästina holten Bilder aus der Erinnerung, wie meine Heimatstadt Frankfurt während der letzten Angriffe der Alliierten aussah, wie wir sieben Kinder mit der Mutter fast Tag für Tag in den Bunker rannten nach Ertönen der Sirenen! Ich sehe noch heute die Markierungen (Christbäume) am Himmel, an denen die Piloten ihre Bomben abzuwerfen hatten. Die tägliche Angst, wie es während der Bombardierungen wohl Vater, der sich verstecken musste, ergehen wird, wird unsere Wohnung überstehen? Die Angst unserer Mutter, rechtzeitig vor Schließen des Bunkers einen

Platz im Bunker zu ergattern, die Angst um meine beiden Brüder Fritz und Otto, die an der Front Soldaten sein mussten, die Angst der Mutter um ihre Geschwister, nachdem ja bereits bei den ersten Bombardierungen Frankfurts ihre Mutter und einer ihrer Brüder verschüttet wurden. Das Schlimmste allerdings, was Mutter in dieser heute unvorstellbaren Zeit ertragen musste, war die tödliche Erkrankung meiner ältesten Schwester Hildegard. Sie war trotz ihrer schweren Krankheit die entscheidende Hilfe für unsere Mutter. Die Zwillinge Marianne und Bertie konnten ja schon laufen und sich weitgehend selbst helfen. Sie waren 1934 geboren, Ursula erst 1939, ich 1940, Dieter 1941 und Renate im März 1943!!

Vater erschien meistens nur nachts. Er hatte eine jüdische Familie bis zum gemeinen Verrat versteckt. Als Städter war es zu dieser Zeit äußerst schwer, genügend Nahrung für alle zu besorgen. Wie vor allem unsere Mutter das schaffen konnte, ist noch heute für mich ein Rätsel, wenn nicht gar ein kleines Wunder. – Nachdem am 8. Mai 1945 der verdammte Krieg nun endlich verloren war, ganz Deutschland in Trümmern versank, wir alle überlebten, verstarb unsere liebe Schwester Hildegard, Mutters geliebte älteste Tochter mit 20 Jahren nach monatelangen Schmerzen an ihrer Krankheit (Lymphogranulomatose). Ich kann mich nur noch an wenige Tage ihres gemeinsamen Leidens mit Hildegard erinnern. Die Todesnacht war ein so starkes negatives Erlebnis für mich, an das ich mich noch erinnere. Mutter wollte nicht akzeptieren, dass Hildegard ihr Leben nach all den Strapazen der letzten sechs, sieben Jahre nun doch endgültig aufgeben musste.

Als Otto dann 1947 aus amerikanischer Gefangenschaft zurückkehrte, erlebte ich ein zweites Mal den großen Schmerz der Mutter über den Verlust der Tochter vor fast zwei Jahren. Otto wusste vom Tode der Schwester nichts. Mit der Freude des Wiedersehens nach über zwei Jahren kam mit der Information über Hildegards Tod die große Trauer.

Ich war damals schon sieben Jahre alt und habe dies viel intensiver erlebt als ihren Tod zwei Jahre zuvor! Das Leben musste weitergehen!

Mutter musste für uns sechs „Kleinen" und einen „verwöhnten" Vater sorgen.

1949 war es für mich – neun Jahre alt – schon ziemlich klar, dass wir alle, nicht nur Vater, einen Beitrag zum kargen Leben leisten mussten. Die Sportkegelbahn 200 m neben unserer Wohnung war wieder aufgebaut und es wurden „Kegelbuben" gesucht. Ich hatte Glück und durfte Kegel aufsetzen. Harte dreieinhalb Stunden, drei- bis viermal in der Woche von 19:00 bis 22:30 Uhr! DM 3,50 hierfür! DM 2,50 gingen automatisch auf den Volksempfänger für Mutter! Die Eltern waren schon zu Bett. Oft hungrig ging ich in meine 6 bis 7 qm große Mansarde, erledigte den Rest der Hausaufgaben oder las – das ging zehn Jahre so!

In diesen zehn Jahren hatte ich zweimal wilde Streiks mit den Kegelbuben organisiert. Der erste Streik konnte erfolgreich mit einer Erhöhung von DM 3,50 auf DM 4,00 abgeschlossen werden. Nun DM 3,00 für Mutter und weiterhin eine DM für mich! Das war 1953! 1955 ging es dann auf DM 5,00 Aufteilung DM 3,50 / 1,50. Von meinem Anteil schaffte ich fast meine gesamte Kleidung an – unter anderem Wolle, aus der dann meine Mutter die schönsten Pullover strickte, viel schöner als die, die meine Altersgenossen besaßen. Ich wollte natürlich den Mädchen imponieren.

Zum Kegelaufsetzen kam dann in den Jahren hinzu, morgens Brötchen-Ausfahren, Lesezirkel-Zeitschriften austeilen, austauschen und das, was ich wirklich manchmal hasste: die totale Versorgung des Schrebergartens! Angefangen beim Umgraben, Aussähen von allen denkbaren Gemüsesorten, verpflanzen, pflegen, gießen, Unkraut rupfen, Obstbäume versorgen, ernten.

Mit 19 Jahren hörte ich mit dem Kegelaufsetzen auf. Ich hatte dann schon Matzel kennengelernt und gerade meine Ausbildung zum Speditionskaufmann bei der Metallgesellschaft erfolgreich abgeschlossen.

1957 kaufte ich mir im Fahrradgeschäft meines Bruders ein echtes Rennrad für den Wahnsinnspreis von DM 350,00. Zwei Jahre wurde der Preis „abgestottert". Ich habe noch heute das Quittungsbuch mit den bestätigten Teilzahlungen bis zu dem ersehnten „O-Stand".

Wie ich in den Jahren ab 1953 noch Zeit zum Handballspiel hatte, frage ich mich noch heute – und in den Jahren davor noch Zeit zu Indianer- spiel etc! Trotz alledem war es eine tolle Jugendzeit mit den Ge- schwistern, Freunden und einer einmaligen Mutter! Trotz all ihrer Arbeit hatte sie immer Zeit für ein Gespräch und Zärtlichkeiten für uns alle, trotz der vielen eigenen Kinder stets eine offene Tür für unsere Freunde. – Wenn ich viele Jahre später mit Freunden aus der Kindheit und Jugendzeit sprach, erinnerte man sich ohne Ausnahme an die herrliche Zeit bei den Kerns im Riederwald und vor allem an die einmalige Mutter Kern! Ich weiß, dass diese kurz geschilderte Kindheit – auf die ich sicher nochmals zurückkommen werde – den Grundstein für meine sportlichen und beruflichen Aktivitäten legte. Nach der Hochzeit mit Matzel war mir klar, wie man mit seinem Partner und seinen Kindern umzugehen hat.

* * *

Noch immer in Punta Arenas...

Expedition zum Südpol

3. Januar 2007

Noch immer im Hotel – Terra de Fuego (Feuerland). Ein junger New Yorker, der wie ich am 27. Dezember 2006 hier ankam, denkt über einen Abbruch und die Rückkehr nach New York nach. Er hat wichtige Termine ab 15. Januar 2007! Solche Gedanken habe auch ich!

Bei meiner bekannten Spontaneität bin ich wirklich unsicher, was ich tue, wenn das weitere Tage andauert!. Ich habe wohl zwei Kilos seit dem 27. Dezember zugelegt. Würde nicht schaden, sagen die „Experten"; würden auf dem Marsch zum Südpol wieder verloren gehen! – Ich hätte nichts dagegen, wenn es sechs bis sieben Kilos würden!

* * *

Über meine Zeit als Handballer, vor allem dann später als Bundesliga-Handballer, habe ich andeutungsweise schon gesprochen. Wenn ich so auf meinen langen Wegen zurückdenke, war dies für mich eine der schönsten, aber auch prägendsten Zeiten. Ich musste lernen, mich in ein Team einzuordnen, habe sehr früh versucht, ein Mannschaftsspieler zu werden und auch entsprechend zu agieren. Ich kann mich an Zeiten erinnern, zu denen ich zwei, drei Spieler während der so wunderschö-nen A-Jugend-Zeit (zweimal Bezirksmeister, zweimal 2. Hessenmeister) morgens wecken musste. Ich denke dabei an „Moppel" (Alfred Steitz), der nach unserer A-Jugend-Zeit im Tor zum FSV Frankfurt in die höch-ste Spielklasse wechselte und dort jahrelang der Torwart der 1. Fußball-Mannschaft des FSV Frankfurt war.

Ein nach wie vor unvergessliches Erlebnis war für mich – nach dem Sieg gegen die Offenbacher Kickers im Endspiel um die Bezirksmeister-schaft –, vom Abteilungsleiter Handball der Offenbacher Kickers (damals in der höchsten deutschen Spielklasse) auf den Vereinswechsel angesprochen zu werden. Ich hätte dann die große Chance, mit Leuten wie Ernst Winterlin (Mitglied der zweimaligen Weltmeister-Mannschaft im Feldhandball), Schack, Morgenroth, Günter Baum und anderen be-kannten Handballern zu spielen. Ich sagte noch im Trikot zu. Als ich dann stolz meinem Vater darüber berichtete, dass ich angesprochen wurde und die Chance bekam, in der kommenden Saison als 18jähriger am Bieberer Berg Handball zu spielen, resultierte dies in einer sehr ordentlichen Ohrfeige! Wutentbrannt sagte ich zu meinem Vater: „Und ich gehe doch!" und schloss mich in der Toilette ein.

Das erste Spiel am Bieberer Berg vor rund 6000 Zuschauern gegen Frischauf Göppingen (Vorspiel der Fußballer) sah sich mein Vater auf der Tribüne an. Ich glaube, ich schoss vier oder fünf Tore. Wir siegten damals gegen Frischauf Göppingen, und Vater's Brust schwoll vor Stolz zu doppeltem Umfang an.

Herrliche Jahre, Reisen durch Deutschland und auch Europa folgten. 1962 wechselte ich – als die Offenbacher Mannschaft auseinander fiel,

---

Ernst Winterlin aufhörte – zur SG Dietzenbach. Matzel und ich zogen nach Dietzenbach um in eine Wohnung der damaligen Spar- und Kreditbank. Es folgten viele Jahre in der Mannschaft der SG Dietzenbach zusammen mit Herbert Wehnert, der die Olympiade in München mitspielte und über hundert Mal die Farben Deutschlands vertrat. Vor allem mit Herbert und seiner Familie verbindet uns noch heute eine schöne Freundschaft.

Meine Zeit als Bundesliga-Handballer dauerte bis zu meinem 36. Lebensjahr. 1976 spielte ich die letzte Saison. Es fiel mir schwer, dann endgültig aufzuhören.

Ich realisierte, was ich meiner Familie damals versprach: Ende der Handballzeit, kein Amt zu übernehmen und mehr Zeit für Frau und Kinder zu haben. Aber so manches Spiel der Mannschaft spielte ich im Traum danach noch mit. Noch heute denke ich sehr gerne an diese Zeit des sich Arrangierens mit dem Sport, dem Aufbau meiner eigenen Firma seit 1966, dem „Management" des Zusammenhalts der Familie und trotzdem schöne Zeiten mit Freunden zu haben. Es gelang mir, den Sport so zu betreiben, wie es eigentlich hätte sein sollen. Ich weigerte mich, Geld anzunehmen. Ich bestand darauf, in der Mannschaft zu agieren, echte Freude an dem Sport zu haben und ihn nicht als das absolut Wichtigste anzusehen, aber doch als eines der wichtigen Dinge zur Findung des für jeden wichtigen eigenen Lebensweges. Ich musste lernen, zu gewinnen ohne zu überziehen, musste lernen zu verlieren ohne an sich selbst zu zweifeln, es vielmehr als Herausforderung für das nächste „Spiel" zu sehen. Es war eine schöne Zeit – bedauerlich, dass sie einmal enden musste.

* * *

Thorsten hat über Richards Computer um Rückruf gebeten! Gerade rief er mich an! Meine Gedanken sind bei ihm, Heike und seinen tollen Kindern. Die Familie muss eine komplizierte Phase durchleben. Ich sorge mich!

* * *

Jetzt müssen wir zu allem Übel auch noch bis Mitternacht das Hotel räumen und umziehen für den Fall, dass die nächste Information von ANI/ALE negativ ist! – Wir tragen alles, was im Falle des Abfluges in die Antarktis anzuziehen ist, zur Rezeption und ziehen uns um, falls nun endlich das „go ahead" zum Abflug erfolgt. – Zumindest sind das „Aktivitäten"!!

* * *

Bei dieser Situation mit Thorsten kommen natürlich wieder Gedanken auf, wie schön es während unserer Kindheit trotz der Umstände, die ich angedeutet habe, nach Kriegsende war! Intakte Familie, eine unglaubliche Mutter mit einem großen Herzen für uns alle, tolle Ehe der Eltern, die natürlich in vielen, nicht in allen Dingen, als lebendes Vorbild galt. So hart wie Vater in vielen Dingen auch war, er trug seinen Teil zum Zusammenhalt der Familie bei. Natürlich hatten wir Kinder Probleme, wie er sich als „Patron" verhielt. Kleinigkeiten, die mir aber klar machten, dass ich das einmal anders tun werde! Beispiel: Er wurde stets als erster bei jedem Essen bedient. Wenn es nach Kriegsende am Sonntag mal ein Stück Fleisch gab, erhielt er als erster das größte und schönste Stück davon, oft die Hälfte des Bratens! Aber die Saucen waren so gut, dass diese zusammen mit den Kartoffeln ausreichten, unseren Hunger zu stillen. Sollte einer von uns da mal reklamiert haben, antwortete

Mutter – nicht Vater: Er ist der Chef der Familie, er verdient das Geld. Das galt auch dann noch, als ich und später auch mein jüngerer Bruder Dieter bereits gemeinsam so viel Geld an Mutter für die Familienkasse ablieferten wie Vater. Übrigens ein weiterer Grund der Kritik, die ich schon früh an Vater übte: Es gab Haushaltsgeld, wie zu dieser Zeit bei den meisten Familien, vom Vater an die Mutter. Er behielt einen, wie wir meinten, zu großen Anteil seines Gehaltes für sich selbst (für Zigaretten, Briefmarken, Hobbies wie Zierfische etc.). Mit diesem Geld und – wie erwähnt – mit unserem „Kegelgeld" musste Mutter auskommen. Es wurde bei einem kleinen Lebensmittelladen angeschrieben und am Monatsende bezahlt. Das Haushaltsgeld reichte öfters nicht, um das Angeschriebene zu bezahlen. Dann half ich, manchmal schweren Herzens, mit dem mir zugestandenen „Kegelgeld" aus. In der Regel konnte Mutter das nicht zurückzahlen – und Vater benötigte den Anteil seines Gehaltes für sich selbst. – So schwer es mir auch manchmal fiel, meinen Anteil des Kegelgeldes auch noch zu „opfern", danach hatte ich ein starkes, positives Gefühl, dass ich vor allem Mutter – und direkt natürlich der ganzen Familie – damit helfen konnte!

Möglicherweise entstand hierdurch bei mir der starke Drang, für die Familie zu sorgen, der mich dann auch antrieb, als ich meine eigene Familie 1962 gründete! Ich habe noch heute das starke Bedürfnis, für die Zukunft vorzusorgen, für die eigenen Kinder und nun auch für die Enkel – und wahrscheinlich hängt das direkt damit zusammen, weiterhin beruflich aktiv zu sein! Es könnte ja etwas geschehen, was die wirtschaftliche Situation der Familie – inklusive der Kinder! – gravierend verändert – siehe nun Thorstens Situation, wenn es zur Trennung mit Heike kommen sollte! Hinweise guter Freunde, nur an sich selbst zu denken, nehme ich lediglich zur Kenntnis und tue, was ich für meine Familie und für mich auch für richtig halte! Und ich weiß, dass dies dann nicht besonders gut ist, wenn es darum ginge und geht, die Kinder für sich selbst sorgen zu lassen. So habe ich das als Kind empfunden und sorgte auch für mich selbst (und ich bin fest davon überzeugt auch für die Familie).

Die Kindheit, die ich durchlebte, machte mir aber zur Aufgabe, wenn ich es mir erlauben kann, einiges anders zu tun!! Was war das? Mehr Geld verdienen als Vater – dies sollte mir erlauben, ein eigenes Haus irgendwann bauen zu können! Kinder zu haben, die ein eigenes Zimmer und ein eigenes Bett für sich haben! Wünsche erfüllen zu können, was unsere Eltern natürlich nicht konnten. Dieter und ich mussten die erwähnte 6 bis 7 qm große Mansarde teilen und schliefen GEMEINSAM in einem normalen Bett bis zu seinem Tod an meinem 19. Geburtstag.

Um dies zu erreichen, sparten Matzel und ich von dem Zeitpunkt an gemeinsam, nachdem wir uns mit 19/20 Jahren versprachen zu heiraten. Gespart wurde auf meinen leichten Druck hin auf zwei getrennte Bausparkonten – falls es mit der Ehe doch nicht funktionieren sollte. Es funktionierte aber und nach fünf Ehejahren und dem ersten Kind – Thorsten –, hatten wir DM 28.000,– für den Start des eigenen Unternehmens zusammen. Auch hierauf komme ich, wenn die Zeit reicht, zurück.

Aber nochmals zu meinem Bruder Dieter! Ca. 13 Jahre nach dem Tod von Hildegard und nach einem Sportunfall (Schlüsselbeinbruch) bestand Mutter darauf, eine Untersuchung in der Frankfurter Universitätsklinik vornehmen zu lassen. Grund hierfür: Nachdem der Bruch längst ausgeheilt war, hatte Dieter noch immer Schmerzen, die er eigentlich nicht mehr haben durfte. Mutter, wie immer, übernahm den Weg in die Uniklinik mit Dieter. Mutter wies im vertraulichen Gespräch mit dem untersuchenden Arzt auf die Krankheit von Hildegard hin. Wie Mutter mir mitteilte, meinte der Arzt, sie solle sich keine Gedanken machen. Lymphogranulomatose sei eine so seltene Krankheit, dass damit in der gleichen Familie nicht ein zweites Mal zu rechnen sei.

Das Ergebnis der Untersuchung besprach meine Mutter dann etwa eine Woche danach mit dem Arzt. Ich vergesse den Abend, an dem ich vom Büro nach Hause kam, niemals mehr in meinem Leben. Meine Mutter sah ich in einer Verfassung, in der ich sie nach dem Tod von Hildegard, selbst nach Ottos Rückkehr aus der Kriegsgefangenschaft, nicht mehr erlebt hatte. Vater weinte, nein er schrie fast vor Schmerz!

Ich dachte wirklich nicht mehr an die Untersuchung des mir so nahe stehenden Bruders Dieter. Mutter bat mich Platz zu nehmen in der kleinen Wohnküche. Ich dachte an einen schlimmen Unfall. Mutter brachte kaum den Grund – Ergebnis von Dieters Untersuchung in der Uniklinik – über die Lippen. Vater konnte überhaupt nicht sprechen. Dann kam es doch über Mutters Lippen: Dieter hat dieselbe Krankheit wie Hildegard!! Bei mir brach meine kleine, schöne Welt zusammen! Ich konnte die ersten Sekunden, vielleicht auch Minuten, kein Wort hervorbringen. Bis ich dann fragen konnte, ob dies denn sicher sei, ob keine Zweifel mehr bestehen würden an der grausamen Diagnose, brauchte ich einige Zeit. Auf alle meine anzweifelnden Fragen antwortete Mutter, dass sie die gleichen Fragen dem Arzt gestellt hatte. Ob ich wollte oder nicht, ich musste es glauben!

Dies veränderte mein Leben für zwei, drei Jahre. Besonders während der elf Monate, die Dieter noch verblieben bis zu seinem für mich besonders schweren Tod, und noch einige Zeit danach. Die Leidenszeit, nicht nur für Dieter, sondern vor allem für Mutter und auch uns, kommt immer wieder in meine Gedanken bei Gesprächen mit den Geschwistern hierüber. Es fallen mir dann besonders schwer zu ertragende Ereignisse ein. Ich besuchte ihn in der Uniklinik so oft ich nur konnte. Etwa zwei, drei Monate vor seinem Tod kam ich in sein Zimmer und sah ihn zum ersten Mal während der Krankheit weinen. Da er nicht wusste, was uns über den wahrscheinlichen Verlauf bekannt war, bat er mich dringendst, Mutter nicht zu erzählen, dass er geweint hatte. Sie soll sich um Gottes Willen keine Gedanken um ihn machen oder Angst haben! Was war geschehen? Offensichtlich war oberhalb der Nase oder des Rachens ein Sarkom aufgegangen und er blutete sehr stark durch die Nase! Um die Blutung zu stoppen, drückte man ihm in beide Nasenöffnungen ein Material, das die Nasenlöcher komplett schließen sollte und das Blut in den Mund umleitete. „Norbert, die haben mir gerade etwas – wie Zement – in die Nase gedrückt und bis in mein Hirn! Ich habe entsetzliche Schmerzen." Ich musste mit weinen, so leid tat er mir! – Dies war meiner Meinung nach ein Moment, in dem er spürte, wie ernst es um ihn stand. Die letzten zwei, drei Monate war er wieder so stark wie zu Beginn seiner Krankheit. Es gab Behandlungen, die schon während der Eingriffe – Chemotherapien, Spritzen etc. – oder in deren Nachwirkungen entsetzlich waren. Es gab einige Wochen, in denen sein ganzer Körper, vor allem aber sein Kopf so anschwoll, dass er kaum noch zu erkennen war.

Während eines Wochenendes, zu denen er stets das Krankenhaus verlassen durfte, besuchten Handballfreunde (Helmut Schack, genannt Schorsch und „Bubchen" Mensinger) uns in der Motzstraße 20 (Riederwald-Heimat). Dieter sprach Helmut gewohnt freundlich mit „Schorsch, wie geht es Dir" an. Wenige Minuten später fragte Helmut mich, wer ihn da so freundlich angesprochen habe. Seine Frage entsetzte mich ebenso wie ihn meine Antwort, dass dies Dieter sei, den er ja recht gut kannte! Das Wasser, das vor allem seinen Kopf so anschwellen ließ, verließ seinen Körper erst wieder während seines mehr als 40 Stunden dauernden Todeskampfes.

Dieter war ein begnadeter Fußballer bei dem Heimatverein S.G. Riederwald. Er wurde bereits während seiner B- und dann A-Jugend-Zeit – wie ich als Handballer – in die Hessenauswahl berufen. Dies war in vielen Fällen – wie auch bei mir – der Weg in höhere Spielklassen, wenn nicht gar in die höchste, wie dies „Moppel" Steitz und Salvadori (Vorname entfallen) gelang. Ja – wenn diese verdammte Krankheit ihn nicht befallen hätte!

Ich war bereits mit 16 Jahren, also vor Dieters Krebserkrankung, aus der evangelischen Kirche ausgetreten. Während eines Konfirmanden-Unterrichts kam dieser Entschluss schon sehr früh. Das Thema unseres Pfarrers war in dieser Stunde, dass Gott alles lenkt und bestimmt. Auf meine Frage, warum er denn dann Hildegard so früh hat sterben lassen, antwortete er – wie ich heute weiß: in seinem Unvermögen, hierauf einem 14jährigen oder auch älteren Menschen eine überzeugende Antwort zu geben – mit: „Gott wird schon wissen warum ...!"

Da ich wusste, dass unser Pfarrer während der Nazi-Zeit, wie viele andere Priester, Mund und Augen, natürlich auch die Ohren den Nazis gegenüber verschlossen hatte oder sie gar aktiv begleitete und Vater ihn deswegen persönlich angegriffen hatte, war er auf die Familie Kern nicht besonders gut zu sprechen. Dies zeigte sich bereits kurz nach Kriegsende, als aus Amerika die so genannten „Care-Pakete" nach Deutschland kamen. In den meisten Fällen sollten diese an besonders bedürftige Familien verteilt werden. Natürlich meinten meine Eltern, dass wir zu diesen Familien gehörten. Unser Pfarrer – wohl wissend von den Anti-Nazi-Aktivitäten meines kommunistischen Vaters – verstand seine Aufgaben so gut, dass er viele, natürlich auch bedürftige Familien, neben seiner eigenen besonders intensiv berücksichtigte – wir aber nie etwas erhielten. Er hatte sein Gewicht während der Nazi-Zeit und danach, solange ich ihn kannte, wohl nie unter die 110 kg gebracht. Aber es gab natürlich auch Familien, die wussten, dass wir nichts erhielten, und mit meinen Eltern teilten. Das waren die Kommunisten, die während der Kriegszeit und danach weiter zusammenhielten. Das war die Familie Dinges und andere.

Zurück zu Dieter und seinem Elend, das er durchstehen musste. Natürlich gab es auch hier Zeiten, wie auch während Hildegards Krankheit, in denen ich mich erneut gefragt habe: Sollte es einen Gott geben, der alles steuert, warum lässt er eine Familie und vor allem eine gottgläubige vorbildliche Mutter ein solches Leid durchstehen?? Die Antwort ist mir heute wie schon damals bewusst.

Es gab Zeiten, in denen sich Dieters Mundfleisch, das Fleisch unter den Armen und den inneren Oberschenkeln total auflöste. Es fiel stets schwer, stark zu bleiben und Dieter auf indirekte Fragen über seinen Zustand nicht offen zu antworten. Wir alle wollten Dieter nicht über seinen sicheren Tod informieren – und wenn ich heute zurückdenke, war dies die richtige Entscheidung der Eltern. Welche Situationen und Diskussionen hätte es möglicherweise gegeben, wenn Dieter gewusst hätte, was wir wussten? Obwohl es Situationen gab, in denen ich glaubte, er wusste Bescheid.

Vielleicht bei diesem Thema ein paar Worte zu einem fragwürdigen Ereignis. Dieter besuchte während eines Heimaturlaubs an einem Sonntag das Fußballspiel seiner Mannschaft. Moppel Steitz, der Torwart – der dann ein Jahr nach Dieters Tod in der Mannschaft des FSV Frankfurt spielte, sah Dieter nach dem Spiel und muss ihn mit den Worten angesprochen haben: „Ei Dieter, du lebst ja noch! Ich habe gehört, du seiest bereits gestorben!" Dieter erzählte dies direkt danach in meinem Beisein unserer Mutter mit den Bemerkungen: „Mutti, kannst du dir vorstellen, was Moppel mir gerade sagte? ... Ich habe ihm gesagt, er sei ein Idiot". Dass meine Mutter ihre Gefühle unter Kontrolle halten konnte, sprach für ihre persönliche Stärke trotz der miserablen Situation!! Ich hätte Moppel am liebsten gestellt und ihn in seine Weichteile getreten! Als ich ihm einige Tage später hierauf ansprach, antwortete er in seiner Unbekümmertheit, er hätte dies nicht so gemeint, es sei ihm jetzt klar, dass er sich nicht besonders klug verhalten hätte.

Die letzten Monate brachten weitere sehr schlimme Situationen für uns alle. Als wir dann am 24. Juli von der Uniklinik darüber informiert wurden, dass Dieter im Koma liegt, wussten wir alle, was wir nun zu erwarten hatten. Dieter lag in einem Einzelzimmer – heute weiß ich, dass dies sein Sterbezimmer sein sollte. Ich denke an meine Mutter und ihre Verzweifelung, als sie ihren jüngsten Sohn gerade vor seinem 18. Geburtstag in seinem Todeskampf sah. Ich sehe Vater, meine beiden älteren Bruder Otto und Fritz, ich sehe meine weinenden Schwestern – die Zwillinge Marianne und Berti sowie Uschi und Renate. Alle Traurigkeit oder gar Entsetzen, das man sich nur vorstellen kann, um ein Bett, in dem unser Bruder Dieter nichts mehr miterlebte – kein Abschied. Hier hinterfrug ich, ob der Entschluss richtig war, Dieter von Anfang an nichts über seine Krankheit zu gestehen. Das mussten wir so akzeptieren. Und so nahmen wir, meine Schwestern, Mutter, Vater – nachdem er, übrigens auch Fritz und Otto, eine das Herz unterstützende Injektion erhalten hatte – für immer von Dieter Abschied. Fünf Stunden später, nachdem wir alle noch bei Dieter waren, durfte seine Freundin ans Sterbebett. Auch sie wusste nichts vom Ernst seines Zustandes bis zu diesem Moment! Eine herzzerreißende Situation, als sie sich dann auf Drängen des Arztes verabschieden musste.

Noch gut 20 Stunden durfte ich dann als letzter an seinem Bett verbleiben. Ich teilte dem Arzt mit, dass ich das Zimmer erst dann verlassen würde, wenn Dieter seinen letzten Atemzug gemacht hatte. Kurz nachdem ich alleine mit ihm war, wurde er unruhig. Ich hielt seine Hand – solange er atmete – und fragte, warum er so unruhig sei. Er solle mir doch irgend ein Zeichen geben, das mir sagt, er weiß dass er nicht allein ist.

Für mich ist es bis heute noch immer eine grausige Vorstellung, alleine, ohne einen geliebten Menschen zu sterben. Ich bilde mir noch heute ein, er hätte mehrmals meinen Händedruck erwidert – vielleicht war es auch nur eine Wunschvorstellung, die durch meine Müdigkeit (mehr als 40 Stunden saß ich bis dahin an Dieters Bett) verstärkt wurde. Die Unruhe wurde stärker, ein nicht definierbares „Röcheln" kam hinzu. Ich zog, aus welchen Gründen auch immer, seine Bettdecke zurück und sah, dass Dieter seinen Penis zudrückte. Ich rannte aus dem Zimmer, um den Arzt zu holen. Er kam mit mir, holte eine Urinflasche unter dem Bett hervor und bat mich, sie unter Dieters Penis zu halten und seine Finger wegzunehmen. Er ließ mich gewähren und füllte in kürzester Zeit fast die ganze Flasche. Ich hatte die Vermutung, dass Dieter wieder bei Besinnung war oder es gar die ganze Zeit über war! Der Arzt versuchte mich mit der Erklärung zu beruhigen, dass wir alle so erzogen seien, unser Wasser nicht einfach ins Bett laufen zu lassen, und die Reaktion sei im Unterbewusstsein erfolgt. Diese Situation wiederholte sich bis zu seinem Tod zweimal. Danach waren Gesicht und Kopf frei von jedem Wasser.

Ich versuchte danach mehrmals Kontakt zu Dieter zu bekommen. Ich hatte, wie erwähnt, einige Male den Eindruck, dass er meinen Händedruck erwiderte.

47 Stunden, nachdem er ins Koma fiel, machte er seinen letzten Atemzug. Ich saß zum zweiten Mal am Bett eines geliebten Menschen, diesmal allerdings mit dem Wissen und den Gefühlen eines erwachsenen Menschen und nicht denen eines fünfjährigen Jungen! Ich war unsagbar traurig in der Gewissheit, dass ein Mensch, mit dem ich 17 Jahre auf engstem Raum, im Bunker, in schlimmsten Zeiten, in herrlichen Zeiten, im Streit und im besten Sinn des Wortes herzliche Brüderlichkeit erlebte, nun für immer die Augen geschlossen hatte. Ich war froh, dass ich seine Hand halten durfte bis er nicht mehr atmete. Ich war glücklich zu wissen, dass ihm klar war – falls er in seiner letzten Stunde doch nochmals das Bewusstsein erlangt haben sollte –, dass er nicht alleine war. – Dies war mir bei meinem Vater, bei meiner Mutter, bei Bruder Fritz – mit dem mich vieles verband – und auch in den letzten 24 Stunden bei meiner geliebten Matzel möglich. Ich kam so mit dem Verlust dieser geliebten Menschen, mit mir selbst, besser zurecht.

Der Weg zurück vom Krankenhaus nach Hause in die Motzstraße 20 mit der Straßenbahn erschien mir ewig lang. Es sollte mich eine weitere, tief in mir sitzende schlimme Situation erwarten. Die Eltern wussten, dass wenn ich zurückkomme, Dieter nicht mehr am Leben war. Mutter öffnete und fiel in meine Arme! Vater bekam einen Wein-/Schreikrampf als er mich sah, der anhielt, bis Dr. Kauf ihm nach einer guten halben Stunde eine Beruhigungsinjektion gab. An vieles mehr kann ich mich wegen meiner großen Übermüdung nicht mehr erinnern. Ich weiß nur noch, dass Marianne Mutti half, das zu überleben. Wir alle hatten Angst, dass sie, wenn Dieter nicht mehr lebt, ihre Kraft, weiterzuleben endgültig verliert.

- Der 26. Juli 1959 war Dieters Todestag und mein 19. Geburtstag. –
Es folgte eine ergreifende Trauerfeier. Dieter wurde in das Grab von
Schwester Hildegard gelegt, in dem dann auch die Eltern für 30 Jahre
bei ihren beiden so früh verstorbenen Kindern ruhten.

* * *

Es ist nun 18:30 h am 3. Januar 2007 und wir warten auf die nächste
Information, ob wir noch heute die Antarktis erreichen.

Nationalpark „Torres del Paine" in Patagonien

4. Januar 2007

Zumindest bis Sonntag, 7. Januar 2007, ist alles entschieden. Der enorme Sturm hier in Punta Arenas – die Amerikaner nannten es einen Hurricane – hat unser Flugzeug – das einzige, das uns zur Zeit in die Antarktis bringen kann – beschädigt. Morgen, Freitag, 5. Januar 2007, soll ein Mechaniker aus Dubai dieses Ersatzteil bringen und austauschen. Bis Sonntag wird dann die Maschine wieder einsatzfähig sein. Wenn das alles klappt, müssen noch immer die Winde im Rahmen des aus Sicherheitsgründen vorgegebenen Limits liegen. Sollte beides passen, müssten wir dann am Montag, 8. Januar 2007, starten können. Keine Spekulationen mehr!

John, Richard und ich haben uns ein Auto gemietet, das uns dann in einen herrlichen Nationalpark (Torres del Paine) in Patagonien bringen soll! Wir werden eine Nacht in einem schönen Hotel verbringen, eine Stunde mit einem Boot zu einem Riesengletscher fahren, wandern und diesen herrlichen Teil Patagoniens bewundern. Eine ersehnte Abwechslung!! Dieses Tage andauernde, alle 2 bis 3 Stunden Anrufen und Hoffen, dass wir in die Antarktis starten können, tötet jeden Nerv!

Wir haben vor unserem Abendessen das Mietfahrzeug übernommen. Es ist ein Pickup-Truck (offene Ladefläche hinter dem Führerhaus). Schade, dass ich meinen Führerschein nicht dabei habe – ist noch beim Amtsgericht in Hanau.

* * *

Die Gedanken sind bei meiner Familie zu Hause – aber auch bei Erlebnissen, die dem Tod Dieters folgten. Gedanken an die letzte Fahrradtour in „Freiheit" (vor Verlobung und Heirat mit Matzel). Es ging noch einmal mit Horst Jary und Jan Benz mit Satteltaschen, Zelt und Schlafsäcken bis Koblenz, nach dem Besuch des Niederwald-Denkmals Fahrt durch Weinberge mit reifen Rieslingtrauben, über das Deutsche Eck, an dem die Mosel in den Rhein fließt, weiter bis nach Alf und Buley, wo wir unser Zelt aufbauten. Bei schönem Wetter verließen wir unser Zelt, fuhren über eine Brücke und suchten und fanden ein kleines Weinlokal. Der bekannte runde Stammtisch war teilweise mit älteren Ortsansässigen besetzt. Wir wurden aufgefordert, uns dazuzusetzen und hatten einen herrlichen Abend. Um zwei Uhr morgens, angetrunken, verließen wir das Lokal, das ich noch heute finden würde, und wurden von einem Sommergewitter überrascht. In bester Weinlaune fanden wir nach einigem Suchen die Zelte. Ausziehen war nicht mehr möglich. Die Sonne, die schon wieder Kraft hatte, weckte uns – noch immer mit nassen Kleidern und mit schwerem Kopf! – Ich empfand diese Drei-Tages-Tour als Abschied vom Junggesellenleben, von so vielen Fahrradtouren mit Horst und Jan. Die Freundschaft mit beiden besteht sicher noch heute, obwohl wir uns kaum noch sehen. Während der drei Tage wurde so manches aus der Erinnerung zurückgeholt.

Wohl das schönste gemeinsame Erlebnis war unsere Tour durch Österreich über den Brenner, durch ganz Italien, von Messina – dem äußersten Ende Italiens – mit der Fähre nach Taormina. Gut sechs Tage ging es durch das hügelige Sizilien. Wir besuchten Palermo, Sferracavallo und viele andere kleine Städtchen des herrlichen Siziliens. Es war 1958 für manche Sizilianer ein kleines Wunder, dass wir die ganze Strecke von Frankfurt mit unseren Fahrrädern bewältigten. – Ich kann mich an eine Rast an einem Dorfbrunnnen erinnern, an dem wir tranken und die Wasserbeutel füllten, als wir im Nu umringt waren von freundlichsten, fragenden Menschen. Wir wurden mit Obst und von einem Bauern mit Zwiebeln, Tomaten und Eiern beschenkt. Das ist uns übrigens sehr oft so passiert. Wir wollten natürlich bei den Bauern das Angebotene bezahlen – doch in der Regel geschah, was wir für unsere spärliche

Reisekasse erhofften. Mit den ehrlich gemeinten guten Wünschen für eine weiterhin glückliche Reise ließ man uns – ohne etwas zu zahlen – weiterfahren.

Ich weiß noch heute, dass ich 280 DM für die Reise dabei hatte. Das musste für alles ausreichen: Essen und Trinken – meistens von Brunnen oder Wasserhähnen –, Eintrittsgelder für Museen etc., eventuelle Reparaturen an unseren Rädern und die Überfahrten mit der Fähre. Es reichte – auch für die tägliche Postkarte an die Mutter, an Vater und Geschwister. – Erinnerungen an eine eiskalte Nacht, bevor wir den Brenner mit all unserem Gepäck ohne abzusteigen und zu schieben überquerten. Hier wurden zum ersten Mal die warmen Filzschlafsäcke der amerikanischen Armee getestet, die in dem heute nicht mehr existierenden STEG-Geschäft zu haben waren. STEG verkaufte Armeegüter jeder Art, die von den Amerikanern nicht mehr benötigt wurden. Hier beschafften wir uns unter anderem auch Kochgeschirr und Kocher, die täglich nach teilweise über 150 km Tagestouren benutzt wurden! – Erinnerungen an Innsbruck, an Mailand, Florenz, Rom – das uns vier Tage lang mehr als begeisterte –, Neapel und wie erwähnt Sizilien wurden noch immer schwärmend an der Mosel aufgewärmt. Vier Nächte auf dem damals noch kaum bebauten Monte Mario in Rom, einer der sieben Hügel, auf denen vor mehr als 2000 Jahren die Stadt erbaut wurde, blieben unvergessen. Ich habe niemals mehr, egal wo auf meinen vielen Reisen, so viele Sternschnuppen beobachtet. Wünsche und Träume sollen ja bei Sichten von Sternschnuppen in Erfüllung gehen, das versicherte mir – als alles glaubendes Kind – mein Vater. Tagsüber begeisterten uns das Kolosseum, die Engelskirche, alle – ehrlich: nicht alle! – besichtigten Kirchen, Bogen, Mauern, Monumente, Fontana di Trevi – und der Petersdom.

Ich war natürlich mehr als kritisch über den Prunk und den Reichtum, den die Nachfolger Christi anhäuften. Ich diskutierte vor allem mit Horst über das Leid und Elend, das die Armen der jeweiligen Zeiten ertragen mussten, um es der geistlichen, neben der weltlichen, Herrschaft zu ermöglichen, solche Reichtümer zu erschaffen – denn von den

Armen kam ja letztendlich all das her! Dies war in Zeiten, in denen es mir schon besser ging, bei Reisen mit Freunden immer wieder ein Thema.

So auch bei unserer letzten Reise nach Spanien mit Heide, Inge und Hans Wolf. Kirchen und Bauten mit unvorstellbarem Reichtum ausgestattet für nur wenige, die das genießen durften, reizen zu hinterfragenden Diskussionen. Ja – es ist schön, diese wunderbaren kulturellen Hinterlassenschaften zu bewundern. Sie sind aber die Konzentration, damals und heute, des Wohlstandes auf wenige Menschen und wenige Völker – die Gerechtigkeit, die Jesus und andere Religionsgründer damals und noch heute predigen. Oder sollten die Mächtigen in Politik und Religion nicht doch nach einer gerechteren Aufteilung allen Wohlstandes auf dieser schönen Welt streben? Globalisierung, so wie es die großen kapitalistisch orientierten Länder praktizieren, kann nicht die einzig richtige Lösung sein. Es wird arme, not- und hungerleidende Völker veranlassen, sich ihren Anteil auf andere Weise zu beschaffen, wenn es anders nicht möglich ist. Kriege und Aufstände gab es immer dann, wenn andere sich entweder noch mehr Macht und Wohlstand stehlen wollten oder wenn Völker die Unterdrückung und Verarmung nicht mehr ertrugen.

Es gab noch weitere Radtouren, die besprochen wurden. Die 1954 an den Bodensee, 1955 an den Vierwaldstätter See, 1956 an die Riviera di Levante – mit Besuchen in Chiavari, Santa Margharita, Portofino etc.. Einige der mit den Fahrrädern erreichten Plätze konnte ich dann mit Matzel, auch mit Marianne und Antonio, später wiedersehen.

Italien wurde nach einer schrecklichen Erfahrung mit Matzels Mutter und ihrem zweiten Mann zu meinem Tabu-Land – so sehr ich Land, Menschen, deren leichteres Leben und das herrliche Klima auch mochte. Vielleicht dazu aber später mehr.

Jetzt freue ich mich erst einmal auf die Reise durch ein kleines Stück Patagoniens in Chile.

* * *

6. Januar 2007

Gestern kam ich nicht dazu, etwas niederzuschreiben. Müde – aber trotzdem ...

Wir sind gestern sehr früh von unserer Herberge gestartet, haben Alexandr in seinem Hotel abgeholt, und fuhren eine herrliche Strecke zum Nationalpark Torres del Paine. Auf dem Weg dorthin konnten wir bereits Flamingos, alle möglichen Wasservögel – auch für mich unbekannte –, Adler, Skunks, Lamas/Guanacos bestaunen. Vorbei am Lago del Terres – ein Blau, das ich in dieser Intensität bisher weder in Deutschland, Schweiz, Skandinavien, Britisch Columbien, Alaska, Südafrika noch sonst wo gesehen habe. Hoffe, die Bilder, die mit der von Kato San direkt aus Japan besorgten Canon geschossen wurden, lassen das erkennen. Ich habe heute sogar (ohne Hilfe) das Weitwinkel-

Wunderschöne Eindrücke in Patagonien

Der Park - ein eindrucksvolles und abwechslungsreiches Erlebnis für uns alle...

Ja, auch wir sind über diese
Hängebrücke gefahren......

John, Alexandr und Richard

objektiv benutzt! – Scheint zu funktionieren. Nach gut drei Stunden
standen wir vor einem Bergmassiv von einzigartiger Schönheit. Formie-
rungen, die ich in dieser Art auch in den Alpen noch nicht gesehen habe.
Es sind die Ausläufer der Anden: bis zu 3050 m hoch, nicht die 7000 m
hohen Berge weiter im Norden, aber sicherlich ebenso attraktiv anzusehen. Man wird nachdenklich und wundert sich nach allen Schönheiten
dieser Welt, die man bisher schon gesehen hat, immer noch Seen,
Berge, Täler zu finden, die das bis dato Bestaunte an Einzigartigkeit zu
übertreffen scheinen. Auf dem Weg bis zum Ende des Parks öffnete sich
das Tal, in dem der Rio Paine oder Rio Grey in den Lago de Grey flie-
ßen, in dem große Eisberge glitzerten, die offensichtlich vor einigen
Wochen vom Glacier Grey in den See stürzten. Das erinnerte mich an
einen Gletschersee in Alaska auf dem Weg nach Kenai-Peninsula.
Thorsten wird es wohl ähnlich ergehen, wenn er die Bilder zu sehen
bekommt.

So manches Mal, nach gut 9 Tagen mit den beiden Amerikanern, geht
mir deren eigenartiger Humor schon auf die Nerven. Richard mit seiner

Eisberge im Lago de Grey

Albernheit, die sich nun ständig wiederholt. John, der mit seinen 62 Jahren in allen Frauen Sexobjekte sieht und mich an meine Zeit um die 18 bis 20 Jahre erinnert. Alexandr, unser Freund aus Moskau, war gut vier Stunden nicht zu hören, beteiligte sich nicht mehr an diesen Albernheiten – es reichte ......

Offensichtlich muss es nun endlich losgehen. Wir hängen zu lange schon zu eng aufeinander. Ich ziehe mich eben zurück und mache ein paar Notizen. – Übrigens haben wir in unserem Hotel gestern nach dem Abendessen deren Wodka-Bestand aufgebraucht. Alexandr hat vor allem mich motiviert mitzutrinken. Ich dachte schon an eine schlechte Nacht und an Kopfschmerzen am nächsten Morgen, offensichtlich aber hatte ich einen guten Tag. Und das trotz eines Gewaltmarsches von gut vier Stunden abends vor dem Essen. Mir lief der Schweiß buchstäblich in kleinen Rinnsalen über das Gesicht. Meine Jeans waren vom Gürtel abwärts gut 20 cm nass. Richard hatte kurz vor dem Ziel aufgegeben. Ich biss mich durch. John und Alexandr sind wirklich fit. Heute morgen liefen wir nur 1 1/2 Stunden, mehr flach. Gestern ging es teilweise sehr steil – und dann natürlich hoch und runter! Wie immer bei mir, war bergab unangenehm für die Oberschenkel. Die Hüfte macht dank Voltaren keinerlei Probleme. Nach 7 Tagen so gut wie Nichtstun ein leichtes Training für den Südpol.

So – und nun geht es weiter mit dem Warten auf leichtere Winde. Die Ilyushin 76 scheint wieder instand gesetzt zu sein – zumindest meinten das die Experten nach einem Abstecher zum Flughafen.

* * *

Ich hatte gestern erneut Gelegenheit, mit Alexandr über meinen Vater und seine Zeit als Kriegsgefangener der Russen während des Ersten Weltkrieges und seine Beteiligung an der Oktober-Revolution am 17. Oktober und danach auf der Seite der „Roten Armee" zu sprechen. Ich erwische mich dabei, dass ich mit gewissem Stolz gerne davon spreche. Auch über das, was er vor und während der Nazi-Zeit tat. Die Amerikaner reizen gerne bei diesem Thema – auch das nervt wegen der ständigen Wiederholungen. Sprüche aus den in den USA ständig laufenden Nazi-Filmen werden immer wieder zitiert – und es ist das „blöde" Lachen, was mir aufstößt. Scherze zu Lasten anderer mag ich grundsätzlich nicht!!

Mich erstaunt vor allem der Wissenschaftler, der an einem weltweiten Energieprojekt arbeitet. Offensichtlich ist es so, dass Männer unter sich – weg von beruflichen Aktivitäten – allemal alberner sind als Frauen, vielleicht sogar als junge Menschen.

Noch einmal: Es muss nun bald losgehen!! Sonst wird das Konzept für ein eventuelles Büchlein über mein „spannendes Leben" noch auf dieser Reise fertig. Ich denke oft über das Problem nach, etwas früher den „Beruf" einzuschränken, als ich ursprünglich wollte.

* * *

7. Januar 2007

Nicht vor 16:00 Uhr werden wir hören, ob die Winde heute oder morgen den Flug erlauben. Wir alle denken daran, dass Ende Januar kein Flug mehr von Patriot Hills zurück nach Punta Arenas organisiert wird. Die Hoffnung stirbt zuletzt – das lässt uns weiter warten.

Seit heute kann ich den Kanal der Deutschen Welle empfangen. Seit fast 14 Tagen wieder einmal deutsche Nachrichten. CNN bringt nur wenig über Europa, noch weniger über Deutschland. Gestern einen Kurzbericht über die Reise unserer Kanzlerin Merkel als Präsidentin der EU und der G7/9. Man sieht, dass die Welt nicht nur aus Deutschland und Europa besteht. –

Seit vorgestern weiß ich, dass auch Richard ein Atheist ist. John ist nicht wirklich tiefgläubig. Alexandr ist etwas verschlossen. Vielleicht, so John und Richard, hat er eine politische Vergangenheit und gehört zu den wenigen Privilegierten, die nach der Überwindung des Sozialismus in der Sowjetunion zu einem gewissen Reichtum kamen. Er erwähnte bisher nur, dass er für ein internationales Investmentunternehmen arbeitet. Er war in den letzten Jahren mehrmals in Zürich und bezieht, wie wir alle, seine chilenischen Pesos für unsere gemeinsamen Aktivitäten mit einer Visa-Karte. Auch er musste für die Expedition ab Punta Arenas und zurück zahlen, zuzüglich An-/Abreise, Ausrüstung etc. Aber was geht das uns an? Wir wollen zum Südpol!

* * *

Dass dies 2006/2007 auf privater Basis mit einem Amerikaner, einem Russen, einem Chinesen, einem Deutschen und einem schottischen Expeditionsleiter in einer solch angenehmen Harmonie – zumindest bis vor dem Eintreffen auf der Antarktis – möglich ist, wäre zu Lebzeiten meines Vaters nicht denkbar gewesen. Der kalte Krieg „tobte" zu dieser Zeit und eine solche Konstellation war sicher nicht vorstellbar. Zumindest dies hat sich gravierend verbessert, trotz der vielen kriegerischen Aktivitäten an verschiedenen Plätzen der Welt.

Wir diskutieren gelegentlich über dieses Thema. Meine Vision über eine Zeit, zu der kein junger Mensch bereit ist, auf Befehl eine Waffe in die Hand zu nehmen und auf Befehl zu töten, träume ich mit offenen Augen auch bei diesen Diskussionen hier. Die Reaktionen kenne ich von ähnlichen Gesprächen. Ja, es ist eine Vision – und es ist mir bewusst, was eine Vision ist!! Aber es scheint einer dieser Träume zu sein, dessen Ursprung in gewissen Ereignissen, die man ERLEBTE, liegt. Träume und Visionen sollen ja in „extremen Ausnahmen" in Erfüllung gehen – wie Wünsche, die man einer guten Fee anvertraut oder einem wahrhaftigen Zauberer!? Nur glaube ich schon seit meiner Jugendzeit nicht mehr an Gott – und auch kaum noch daran, dass politische Führer, ganz gleich welcher Couleur, etwas von einer guten Fee oder einem wahrhaftigen guten Zauberer haben! – Und dann bin ich selbst wieder dort, wo mich Teilnehmer an solchen Diskussionen haben möchten. Ja, es ist eine Vision, ein Traum ohne jeglichen Realitätsgehalt. Vielleicht in einer anderen Welt!!?? Aber wie könnte die aussehen? Menschen ohne jeglichen Egoismus, ohne den Drang, über andere zu herrschen, ohne den Drang, anderen Schmerz und Leid zuzufügen, ohne andere auszunutzen und und und ... Was für ein Traum!

Und dann kommt es zu den Diskussionen über Religionen und den wahrhaftigen, alles beeinflussenden Gott, den ja einige Religionen für sich beanspruchen. Ich kann mich an eine andere, mich bis heute begleitende heiße Diskussion über meine Anerkennung als Kriegs-(Wehr-)dienstverweigerer mit drei jungen Jesuiten erinnern. Sie fand 1959 im Ausbildungszentrum (oder ähnlich) des Deutschen Gewerkschaftsbundes in Bad Homburg nach dem Unterricht und Abendessen statt und dauerte bis 4:30 Uhr morgens.

Nach einigen Stunden Diskussion über den Sinn einer solchen Verweigerung – speziell bezogen auf Deutschland nach Verschulden der beiden letzten Weltkriege und der erwähnten Verweigerung aller jungen, natürlich dann aller Menschen, gleich welchen Alters, weltweit – musste es bei der Teilnahme von drei Jesuiten auch zu dem Thema Gott kommen. Es würde zu lange dauern, die einzelnen Schritte und konträren Meinungen während unserer heissen, aber äußerst fairen Diskussion zu schildern. Thema für mehr an anderer Stelle.

* * *

7. Januar 2007, 16:30 Uhr

Nun sollen wir in ca. 30 Minuten zum Flughafen gebracht werden. Die Winde haben stark nachgelassen, die Wolken haben sich verzogen – könnten aber zurückkommen. Deshalb ist man vorsichtig und nennt uns eine 50:50 Chance, in Patriot Hills anzukommen.

Mehr an dieser Stelle, wenn wir entweder in Patriot Hills sind oder aber wieder zurückgebracht wurden!

Die Ilyuschin kurz vor dem Start...

Ankunft in Patriot Hills

Patriot Hills, 8. Januar 2007, 01:30 Uhr

Wir sind nach 4 1/4 Stunden sicher in Patriot Hills gelandet, auf Eis mit kräftigen „Wellen" – sehr ungewöhnlich! Ein Wahnsinnsanblick! Die IL 76 stand beim Aussteigen vor den Ellsworthbergen, ca. 1,6 km vom Camp entfernt. Das Laufen musste langsam angegangen werden – spiegelglatt! Wir wurden mit einem guten Gulasch und allerlei Getränken empfangen und kurz auf das Weitere vorbereitet. Die Toilette wurde getestet, ein paar Bilder von der Twin Otter, zwei Hubschraubern und von unserer Maschine vor dem Start zum Rückflug, voll mit ebenfalls 7-9 Tage wartenden Bergsteigern und einigen, die den Südpol bereits hinter sich hatten.

Wir haben einen vierten Teilnehmer! Jin Fei Bao, ein ca. 38/40jähriger Chinese. Er hat im vergangenen Jahr bereits den Mount Everest, den Kilimanjaro und zwei weitere der höchsten Berge der sieben Kontinente bestiegen und will in diesem Jahr noch die verbleibenden bezwingen. Bergsteiger wissen, worum es hier geht: „Seven Summits", das sind die höchsten Berge der sieben Kontinente – und es gibt noch die beiden Pole dazu, das heißt dann „Grand Slam"! Jin – ein gesunder, junger Mann. Schade dass seine Englischkenntnisse fast null sind. Kommunikation fast unmöglich.

Morgen – also nachher – geht es nach dem Frühstück ca. 8 Meilen weg vom Camp, um die Ausrüstung und uns zu testen und außerhalb in den Zelten zu schlafen, die dann hoffentlich ab Mittwoch für die ca. 9 bis 10 Tage unsere Behausung sein werden.

Es ist jetzt 02:30 Uhr, die Sonne, wie erwartet, scheint noch immer und ich versuche einzuschlafen. Mein chinesischer Zeltbewohner schläft und schnarcht bereits!

Der Weg von der Ilyuschin zum Camp war spiegelglatt

Das Camp in Patriot Hills

Dienstag, 9. Januar 2007

Wir haben seit der letzten Notiz einiges hinter uns: Am Montag, 8.1.2007, haben wir nach Frühstück und gutem Mittagessen den angedrohten Test gestartet. Nach nochmaliger Kontrolle unseres Materials (Ski, Schuhe, Schlafsack etc.) sowie unserer Polarbekleidung wurden die Schlitten geladen. Das, was für die „Reise" auf dem Antarktis-Plateau zum Südpol nicht benötigt wird, wurde separiert und in dem Dufflebag verstaut. Das bleibt bis zur Rückkehr in Patriot Hills. Ich hatte einiges zu viel.

Dann ging es mit Schlitten, Zelten etc. zum ersten Mal auf dem Eis ca. 10 km weg vom Lager. Wir bauten bei zunehmendem Wind und Kälte die Zelte auf. Unser schottischer Führer David kochte für uns Tee und etwas Einfaches zum Essen. Gekocht wurde in seinem Zelt, das er mit unserem chinesischen Teamkollegen Jin Fei Bao teilt. Auch gegessen haben wir zu fünft unter Platzeinschränkungen dort.

Noch habe ich nicht die Pinkelflasche benutzt. Ich bin – wie in der Schweiz – ins Freie gegangen und habe das größere Geschäft – obwohl ich nun weiß, wie es geht – zurückgehalten bis Patriot Hills am nächsten Morgen. Auf alle Fälle werde ich heute Nacht die Flasche benutzen. Auf dem Weg zum Südpol muss ich auch das beherrschen. Das größere Geschäft erst im Ernstfall! Der Gedanke, so wenig wie möglich zu essen, wurde als nicht brauchbar abgelehnt. Es soll einer nach 10 Tagen (wie wir auch planen) fast 15 kg verloren haben. Ich glaube das nicht, werde aber trotzdem oder deswegen ordentlich essen. David spricht von einem Verbrauch von ca. 6000 Kalorien unter normalen Umständen. Heute Nacht ärgerten mich Krämpfe im rechten Bein, wie zu Hause. Die erste Schlaftablette nehme ich trotzdem erst auf dem Plateau.

Mit Richard freue ich
mich auf den Start

Gerade (gegen 18:30 h) erhalten wir die Nachricht, dass wir wahrscheinlich morgen, Freitag, 10. Januar 2007, gegen 18:00 h starten werden! Ich kann das gewisse „Kribbeln" in der Magengegend nicht ver-
heimlichen! Nach den Erfahrungen des Tests habe ich nachmittags
nochmals umgepackt. Warme Dinge für stärkeren Wind beziehungsweise größere Kälte liegen jetzt griffbereit oben auf dem Schlitten, richtiger: unter der Abdeckung. Übrigens werden keine Rucksäcke mitge-
nommen. Wir werden ohnehin schwitzen, wie auch beim Test. Unter
dem Rucksack wird es nass ....! Natürlich gehen mir jetzt Gedanken an
Heide und die Kinder, Enkel und Freunde durch den Kopf. Wie kommen
wir mit den uns erwartenden Bedingungen zurecht? Und immer wieder,
eigentlich zum Lachen: Wie geht das mit dem Stuhlgang? Und natürlich
auch Gedanken daran, wie ich die physische Belastung überstehe –
Gedanken, keine Zweifel. Oder doch? –

Während des Tests wurde festgelegt, dass nur zwei Personen halbwegs
vernünftig in einem Zelt schlafen können. Heute Nacht schliefen Richard, Alex und ich in einem Zelt. Der arme Alex in der Mitte. Die endgültige Aufteilung sieht nun Alex mit mir, David und Jin in einem Zelt vor.

Richard hat ein kleines Zelt für sich! Für meine künstliche Hüfte ist das eine bessere Lösung!! Ich muss mich nicht allzu sehr verbiegen.

Die Schlitten sind etwas anders konzipiert, was das Ziehen angeht. Ich habe eine Rucksack-"Lösung" gewählt. Wir legen das „Schlittengeschirr" so an; dass keine Belastung nur um den Bauch herum entsteht, sondern die Last ökonomisch auf den Körper verteilt wird. Beim Test heute hatte ich ein besseres Gefühl als während meines Trainings in der Schweiz! David warnte uns: Die Schneeverhältnisse auf dem Plateau werden entschieden schlechter sein.

Mehrmals wurde hier erwähnt – und auch Arved Fuchs schrieb in seinem Buch über seine gemeinsame Tour zum Südpol mit Reinhold Messner –, dass der Schnee dort reagiert als wenn wir mit den Skiern durch die Sahara marschieren würden. Dadurch würde der Schlitten bedeutend schwerer, als wir das gestern verspürten. Und natürlich 3100 Höhenmeter, die auf dem Antarktisplateau – wie erwähnt – wie 3700 Höhenmeter empfunden werden, die Minustemperaturen 30 – 35°C und die Winde .... Aufhören ...
– es gibt Abendessen!

Start einer Twin Otter mit Besteigern des Mount Vinson zum Basiscamp

Alexandr, Norbert und Richard: Training einen Tag vor dem Transport zum 89° südl. Breite

Freitag, 12. Januar 2007

Seit vorgestern sind wir also auf dem Antarktis-Plateau. Nach einem schönen Flug mit der erwähnten Twin-Otter eine ordentliche Landung auf dem ewigen Eis mit Schnee. Es war bereits 2 Uhr morgens am 10. Januar. Vor dem Abflug hatten wir abends „Training". Wir bestiegen einen der Patriot-Hills-Berge. Ich war wieder am ganzen Körper nass geschwitzt. Die anderen zwar auch, aber keiner so wie ich. Kein gutes Verhalten meines Körpers für den Marsch zum Südpol. David gab mir einige Tips, wie ich mich anziehen sollte. Auch was Brillen, Maske, Kopfschutz etc. angeht. Hoffe, dass mir alles dann, wenn es losgeht, noch im Bewusstsein ist, dachte ich mir. Nach einem guten Abendessen ging es los!

Gestern, am 11. Januar 2007, ging es dann etwas später, wegen der morgendlichen Ankunft nach 2 Stunden Eisschmelzen und Frühstück, zum ersten Marsch Richtung Südpol – und es kam wie erwartet: Schwitzen, Eis um Nase und Mund, Eis zwischen meinem äußersten Fleece-Pullover und der Windjacke. Eis auch zwischen den beiden Materialien der Windjacke. Da macht man sich schon Gedanken, wie das 8 bis 10 Tage weitergeht. Auf halber Strecke wechselte ich meine Maske gegen den Balaclava-Hut aus. Das Eis um die Maske war zu dick, und ich hatte echt Angst, mir Erfrierungen im Gesicht zu holen. Das mit der „Balaclava" funktionierte mit der Google (Brille) besser. Da man aber keine Mundöffnung bei der Balaclava hat, hatte ich nach den ersten 10,6 km natürlich auch hier eine Menge Eis – und die ersten Windbrände an den freien Gesichtsstellen. Alle anderen auch. –

Der Schrift im Tagebuch ist zu entnehmen, dass ich jetzt im Zelt schreibe – es ist bereits 12:30 Uhr und bis jetzt ist der Wind so stark, dass ein Marsch per Ski nicht möglich ist. Beim Aufstellen der Zelte hatte David

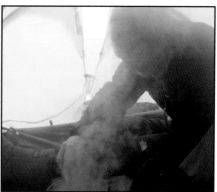

Zelterfahrungen ...

das bereits vermutet und uns aufgefordert, mehr Schnee an die Außenwand des Zeltes zu werfen. Schon das Aufstellen der Zelte musste sorgsam gemacht werden, damit es nicht vom Wind davongetragen wird – soll es ja schon einmal gegeben haben. Die beiden Südpol-Expeditionisten mussten mit Hubschrauber nach zwei Tagen gerettet werden.

Gestern Abend haben wir nochmals gemeinsam im Zelt von David und Jin auf engstem Raum gegessen. Frühstück fiel bis jetzt aus – Mittagessen nun im eigenen Zelt vorgesehen – Lunchpaket, bestehend aus Schokolade, einigen Riegeln mit verschiedenen Getreidekörnern, Nüssen und Früchtemischung. Ein Beutel mit Früchte-Pulver, das ich in meine gestern bereits gefüllte Wasserflasche schüttete – genügend Energie und Vitamine!? Mal sehen, ob wir heute noch einige Kilometer gehen oder aber David die berühmte Suppe mit allerlei stärkenden Ingredienzien kocht.

Ich hätte nichts dagegen, wenn der Wind, der noch immer mit ca. 80 km/h und mehr bläst, nachlässt und wir unserem Ziel, dem Südpol, näher kommen. Übrigens, nicht das mit 66 Jahren – und damit mit großem Abstand älteste Teammitglied – ist der schwache Punkt, sondern der 52jährige Richard, wie schon bei der Wanderung in Torres del Paine bemerkt. Wir mussten öfters auf ihn warten – wird einen Tag mehr bedeuten.

Ich denke schon manchmal daran, warum sich vier Menschen aus so verschiedenen Ländern, mit solch unterschiedlichem Alter eine Wanderung per Ski unter den menschenunfreundlichsten Bedingungen, die man sich vorstellen kann, vornehmen. Vor allem gerade vorhin, bevor ich zu Buch und Bleistift griff.

Na also, wären wir bereits seit heute morgen auf dem Eis, wäre ich wieder nicht zum „notieren" gekommen. Aber diese Fragen haben sich schon einige Menschen vor mir gestellt – und werden sich auch noch in der Zukunft stellen.

Ich schlupfe nun ganz in den warmen Schlafsack – mir wird kalt – in der Hoffnung, dass Kälte und Wind uns bald mehr Aktivitäten erlauben!

Es ist nun 17:00 Uhr und die Winde blasen noch immer in der gleichen Stärke. Ich habe meine Pinkelflasche geleert und die immer kleiner werdenden Zelte fotografiert. Um 18:30 Uhr soll es „Abendessen" geben. Dann wieder raus in die Kälte – unter – 35°C – und in Davids Zelt. Schon das ist bei diesem Wetter unangenehm. Vor ca. drei Stunden habe ich zum zweiten Mal Stuhlgang praktiziert, alles andere als eine Freude! Hoffentlich bekomme ich keinen Durchfall! Erste Anzeichen waren da! Unter diesen Voraussetzungen kann man sich vorstellen, was Amundsen, Scott, Shackleton und andere geleistet haben. Einen Wetterbericht haben wir noch nicht. Mal sehen, was wir beim Abendessen hören!

* * *

Ich habe in meinem Schlafsack an Thorsten und seine Familie gedacht. Es war vor etwa 5 Monaten doch schon ein Schock für mich zu hören, dass er eine Depression haben soll, was sich ja dann bestätigte. In der Zwischenzeit hat er sich räumlich von seiner Frau und seinen Kindern getrennt. Amelie, Moritz und Niklas sind alle drei auch ein Teil von mir und meiner verstorbenen Matze. Eine Situation, die ich aus eigener Erfahrung nicht kannte und die ich mir gerade bei Thorstens Familie nicht vorstellen konnte und auch nicht wollte.

Aber auch Fritz war von seiner Frau geschieden, und beide heirateten zwei Jahre später wieder. Diese Ehe hielt dann, wie auch immer, bis zum Tode von Fritz.

All dies macht mich schon traurig. Aber mir liegt sehr viel daran, dass Thorsten einen Weg für sich findet. Er muss wieder glücklich sein!

* * *

Bei unserem gemeinsamen Abendessen wärmte ich meine Finger, so dass ich noch etwas schreiben kann, bevor sie wieder zu kalt sind. Abendessen startet mit einer Suppe (Tomaten mit Rindfleisch), dann gab es ein süß-saures Lamm mit Reis. Als Nachtisch kandierte Ananasscheiben und einen Tee – was will das Herz mehr? David musste drei Stunden hierfür aufwenden, zwei Stunden für's Schneeschmelzen. Sollte der Wind von 80 km/h auf 20 – 30 km/h pro Stunde fallen, werden wir morgen weiterlaufen. All das, was gestern nass wurde, habe ich in meinem Schlafsack trocknen können. Gott sei Dank! – Richard hat auf seiner Internet-Website über unsere Situation informiert. Hoffe, meine Lieben machen sich keine Sorgen. David scheint gut vorbereitet und vorsichtig zu sein. Gerade schrieb ich dies und konnte Heide mit dem Iridium-Telefon, das Richard in „Form" hält, anrufen. Mir war klar, dass sich mein Liebling Sorgen machte, da Richard erwähnte, dass wir alle Windbrände haben. Ich bin am glimpflichsten davongekommen – noch. Vielleicht haben die Tage in der Schweiz die Haut vorbereitet!? – Zurück zum Telefonat: Ich konnte Heide beruhigen. Der Schlafsack ist warm und ich wusste ja, auf was ich mich einlasse. Wenn dies ein Spaziergang wäre, müsste die Antarktis von Touristen überfüllt sein.

Meine bekannte Eifersucht wurde beruhigt durch das „Hallo" von Inge Wolf während meines Telefonats mit Heide. – Ich kann tun was ich will, ich denke doch daran und bin auch sicher (fast?), dass Heide mir treu ist. – Was habe ich durch diese Eifersucht auf meinen Reisen auch schon zu Matzels Zeiten ertragen müssen – ohne Grund. Aber das scheint angeboren zu sein, denn schon vor der Enttäuschung mit meiner Jugendliebe als 15-/16jähriger war ich eifersüchtig auf alles, was sich ihr näherte. Ich bleibe dabei: keine Eifersucht, ohne dass man liebt – oder auch keine Liebe ohne Eifersucht. Bin gespannt, ob sich dies vor meinem Tod ändert! –

Es war schön, Heide wieder am Telefon zu haben. Das Telefon ist etwas Schönes, Gutes. – Schon zu meiner Anfangszeit mit Matzel stand ich oft zwei Stunden im Telefonhäuschen.

Später, als ich mir ein Telefon zulegte, das übrigens die ganze Familie nutzte, habe ich stundenlang aus dem Bett in Dieters und meiner Mansarde mit Matzel telefoniert. Beide mussten wir unter die Bettdecke. Bei Matzel ärgerte sich ihre Schwester Renate und bei mir mein Bruder Dieter, wenn es zu lange dauerte.

Und dann war es ähnlich, als wir – Heide und ich – zusammenfanden. Es war damals schön, wieder jemanden zu haben, mit dem man nach einem langen Arbeitstag Zärtlichkeiten am Telefon austauschen konnte. Und so war es gerade jetzt im Zelt bei noch starken Winden und nur noch – 25°C Heide zu sprechen. Schön ist der Gedanke aber auch schon jetzt, Heide wieder physisch im Arm haben zu können.

Meine Gedanken an meine beruflichen Verpflichtungen sind noch da, treten aber hinter meinen Gefühlen für meine Liebsten zurück. Auch die Zeit des Aufholens der Rückstände wird kommen – aber ich weiß auch, dass Heide erledigt, was sie kann. Und hier eine weitere Liebeserklärung an sie. Sie ist in allem perfekt, in der Liebe zu mir als erstes – und wie wir unsere Zärtlichkeiten austauschen, sie ist perfekt im Umgang mit meinen Kindern und Enkeln – was nicht immer so ist, wenn in eine Familie eingeheiratet wird. Sie ist perfekt im ganzen Haushalt, sie war perfekt während meiner diversen Krankenhausaufenthalte und danach als „Krankenschwester". Sie ist die perfekteste Sekretärin, die ich je hatte – und neben all dem eine tolle Tochter für ihren Vater und eine gute Schwester für Michael. Deshalb bin ich sicher, dass ich zweimal in meinem Leben großes Glück hatte. Zum ersten Mal mit meiner Matzel und dann mit 56 Jahren ein zweites Mal mit Heide. Für gute zwei bis drei Jahre konnte ich mir nicht vorstellen, dass ich mich nochmals verlieben könnte. Schön so!!

Und was wäre mit mir geworden, wenn der 50. Geburtstag von Peter Zimmermann, unserem Nachbarn, nicht gewesen wäre? Natürlich hat seine Frau Biggi – gleichzeitig Heides Kusine – nachgeholfen. Ich erinnere mich noch an die Szenen, als ich mit meinem Fahrer Zengel und meiner damaligen Jugendliebe Platz nahm und Heide neben mir saß. Was für eine Situation! Nur vergleichbar, wenn sich bei Busfahrten zu Handballspielen bei den Offenbacher Kickers die Tochter unseres Vorsitzenden neben mich setzen wollte, obwohl da bereits meine Freundin Matzel saß. – Aber alles löst sich im Laufe der Zeit auf: Ich heiratete am 22.12.1963 Matzel und heiratete am 29.3.1996 Heide.

Diese Jugendliebe ist eine Geschichte für sich. Ich raffe: Verliebt 1953 in die Klassenkameradin, die nur vier Minuten zu Fuß von uns entfernt wohnte. Habe Hausaufgaben für sie erledigt, stundenlang vor der Tür gewartet, nur um sie mal zu sehen. Mit 16 1/2 wurde sie von einem Bekannten geschwängert, wohnhaft drei Häuser weiter in unserer Straße. Nachdem sie für ein knappes Jahr Mutter war, habe ich mit ihr in meiner Mansarde geschlafen, um festzustellen, dass in der Zwischenzeit meine Liebe zu Matzel größer war. Vierzig Jahre später, nachdem mir meine Schwester Ursula in einem Gespräch mitteilte, meine alte Jugendliebe lebe getrennt von ihrem Mann, endete ein Anruf von mir mit einem Treffen, und wieder erwachten Gefühle. Ich war alleine und zum ersten Mal nach Matzels Tod wieder offen für ein Treffen mit einer Frau. – Wir trafen uns bei ihr, bei mir, ich stellte sie meinen Kindern und Freunden vor. Und dann, während einer Eisenbahn-Konferenz in Kopenhagen, direkt nach meiner Rede, wurde ich ans Telefon gerufen. Thorsten teilte mir mit, ich müsse sofort zurückkommen, der Mann von dieser meiner Freundin hätte sich erschossen.

Was war passiert? Nachdem ihr Mann erfahren hatte, dass sie und ich zusammen waren, kam bei ihm Eifersucht – oder Besitzrecht? – auf und er bestand darauf, dass sie wieder zu ihm zurückkommen sollte. Sie verneinte mit Argumenten wie: er sei ja wegen einer anderen Frau ausgezogen, er lebe noch mit ihr und nur weil sie nun mit dem etwas bekannten Norbert zusammen sei, wolle er sie zurückhaben. Seine Antwort, er trenne sich von seiner Partnerin, kehre zurück beziehungsweise sie zu ihm, er liebe sie wieder .... Das ging einige Wochen so, bis zu diesem Anruf 1993 in Kopenhagen. Sie war gerade bei ihrer Tochter, hatte das einjährige Enkelkind im Arm, während die Tochter Besorgungen machte. Es klingelte an der Haustür. Ihr Mann kam ins Haus und bestand darauf, dass sie sofort mit ihm ging. Sie verweigerte mit den bekannten Begründungen. Er entnahm seiner Bürotasche einen Revolver und zielte auf sie mit dem Baby im Arm. Sie bat ihn dem Kind nichts zu tun, stieß ihn zurück und legte das Kind auf die Couch. In diesem Moment hielt er sich den Revolver an den Kopf und schoss. Es folgten Monate, in denen ich mich nicht immer wohlfühlte und gewisse Schuldgefühle hatte, die ich erst nach und nach verarbeitete. Es kam nach 10 Monaten mehrmals die Bitte von mir, zusammen zu ziehen und dann nach einer gewissen Wartezeit zu heiraten. Doch dann, nach dem Geburtstag Peter Zimmermanns und dem Kennenlernen Heides eine entscheidende Szene im Auto, als ich meine Freundin nach Hause fuhr. Ohne ersichtlichen Grund erwähnte sie, dass sie nicht sicher sei, ob sie mich wirklich liebt. Ich erinnerte an das Jahr 1956 etc. „Bitte wiederhole dies, und wenn Du das tust, ist es endgültig zu Ende mit uns." Sie wiederholte es, ich brachte sie nach Hause und beendete eine eigentlich bis dahin schöne Zeit für mich. Anrufe von ihr folgten, mit der Begründung, sie hätte mich testen wollen etc., doch ich hatte schon genug Tests mit ihr zu bestehen. Es war das endgültige Aus.

Und dann der Beginn meiner aufkommenden Liebe zu Heide. Ein „Zwischenfall" musste noch von Heide und mir überstanden werden. Und dies gelang, obwohl mich Heide öfters mal daran erinnerte: Die nun Ex-Freundin bestand nach einigen Wochen permanenter Telefonanrufe auf einem ordentlichen Abschied. Sie wollte nochmals für uns kochen etc. Es endete mit einem nochmaligen zusammen Schlafen. Mir erging es wie damals in der Mansarde, als ich Matzel schon kannte und meine Ex-Freundin schon Mutter war. Das Schlafen mit ihr bestätigte mir damals und dann erneut: es gab keine Liebe mehr zu ihr, diesmal, zum zweiten und letzten Mal. Mein Weg mit Heide war nun frei, obwohl ich Heide von dieser Szene erzählte und schwor, ich hätte mit dieser Vergangenheit abgeschlossen, was auch bis heute der Fall ist.

– Kalte Finger – ich muss in meinen Schlafsack! –

* * *

Montag, 15. Januar 2007

Ich sollte eigentlich schon wieder zu Hause sein. Aber die Verzögerung, bis wir nach Patriot Hills kamen, war doch beträchtlich. Seit Freitag, 13.1.2007, keine Eintragungen mehr. Das hing am wirklich grässlichen Wetter. Selbst im Zelt waren es am Freitag, Samstag und teilweise auch gestern unter -5°C. Da geht das Schreiben nicht. Die ersten beiden Tage auf dem Plateau der Antarktis, Richtung Südpol waren schon eine Herausforderung. Schneetreiben, Windstärke 70 und Temperaturen von -30 bis -36°C. Da kamen schon mal Gedanken auf, warum man das auf sich nimmt, wo es doch so herrliche Badestrände an vielen Plätzen der Welt gibt!

Richard und erstaunlicherweise auch der junge Jin hatten die letzten Tage, so auch heute, Probleme. Richard hält konditionsmäßig nicht ganz mit, Jin hat Nackenprobleme. Ich konnte Jin mit Tiger Balsam aushelfen, den mir Thorsten von der letzten Fernostreise mitbrachte. Wir wären sicher schon 6 bis 7 Meilen näher am Südpol.

Ich wundere mich über mich selbst. Ich komme sehr gut mit. Alex und ich sind bis jetzt die Stärksten im Team. Hoffe, das bleibt so. Aber auch ich muss zugeben, dass die vier Tage, davon drei je acht Stunden, doch an die Grenzen der Belastbarkeit gehen. Man spürt die 3000 m über dem Meeresspiegel. Die erwähnten Winde mit Schnee, der an freien Stellen auf der Haut schmerzt, die extremen Minustemperaturen und acht Stunden auf Skiern, das geht an die Leistungsgrenze – nicht nur beim 66jährigen.

Bei etwas schöneren Bedingungen schafften wir heute 8,56 N-Meilen, das sind 15,6 km. Wenn Richard und Jin in besserer Form sind während der nächsten Tage, könnten wir in vier Tagen am Pol sein. Schöner Gedanke!

David überlegt, ob er Richard zurückfliegen lässt, wenn er so schwach bleibt. Alex, David und ich haben von ihm Gewicht übernommen und ziehen dem entsprechend mehr! Hoffe wirklich, dass ich mich nicht überfordere. Aber ich beiße mich durch (wie Heide beim Kartenspiel immer fordert, wenn ich schlechte Karten habe)! Ich möchte schon mal ins Guinnessbuch der Rekorde kommen. Man hat mir hier erzählt, der Älteste je am Südpol mit Skiern angekommen ist 63 Jahre alt. Sollte ich

Auch bei Schneesturm ging es weiter

das Ziel erreichen, wäre ich tatsächlich der älteste Mensch, der dies bis dato getan hat. Ich bezweifle das, aber der Gedanke gefällt mir. Ein Grund mehr, durchzuhalten.

Das Problem mit dem Stuhlgang, unter größter Anstrengung wegen meiner künstlichen Hüfte, ist lösbar. Das kleine Geschäft nachts geht in die Flasche – daran kann man sich gewöhnen. Doch das größere Geschäft darf wegen der Antarktis-Charta nicht im Schnee hinterlassen werden. Es wird ordentlich eingepackt und im Schlitten verstaut, nach Patriot Hills und von dort aus nach Punta Arenas geflogen – von allen!! – das ist zwar verständlich, aber .....

Ganz kurz mal der Tagesablauf: 7:00 Uhr Wecken, 8:00 Uhr Frühstück, nachdem David über 1 1/2 Stunden Schnee schmelzen musste. 9:00 Uhr Packen und 9:30/10:00 Uhr Schlitten anschnallen und 8 Stunden Schwerstarbeit beginnen! 50 Minuten laufen, 10 Minuten Pause. Nach 4 Stunden „Lunch". Das sind Süßigkeiten, Schokolade, Käse, Salami Cracker. Getränke aus der eigenen Thermoskanne. Ich mache das alles

Aufbruch in einen neuen Tag...

im Stehen, da ich die Ski nicht abschnallen möchte und mir das Risiko, mit Skiern auf meinem Schlitten Platz zu nehmen, wegen meiner Hüfte zu hoch ist. – Dann geht es wie im geschilderten Rhythmus 4 Stunden weiter. Aufstellen der Zelte bei Sturm etc. – eine gefährliche Arbeit, denn wenn das Zelt weggeflogen ist, gibt es nur noch den Hubschrauber. – Wir können uns etwas ausruhen. David schmilzt Schnee und kocht uns etwas aus Beuteln. Übrigens kann man das essen! Vorweg gibt es eine heiße Suppe, dann das Essen und danach Tee/Kaffee und Kekse. Schlafen und das gleiche wieder am nächsten Tag. –

Es ist unglaublich schön, bei Sonnenschein über die endlose weiße Fläche auf Skiern zu laufen, auch wenn es äußerste physische und psychische Anstrengung bedeutet.

* * *

Habe oft an meine Tochter gedacht. Die Gedanken haben ja bei einem solchen Tagesablauf große Spielräume. Sie hat während der Krankheit und dem nachfolgenden Tod von Matzel auch sehr gelitten. – Ich habe mit ihr gelitten, und sie wollte wie ich die Tatsache nicht akzeptieren. Sie kam in den ersten Monaten nach Matzels Tod sehr oft ins Elternschlafzimmer, und wir weinten gemeinsam und versuchten uns zu trösten. So lange Matzel im Leichenraum des Dietzenbacher Friedhofs lag besuchten wir sie beide, streichelten sie, blieben lange an ihrem geöffneten Sarg und weinten – bis zur Beerdigung und zum endgültigen Abschied. Einer der schlimmsten Tage unseres – auch Thorstens – Leben. Wir waren uns einig, dass wir nach der freireligiösen Trauerfeier – die uns alle noch einmal beim Ave Maria sehr ergriff, selbst die junge Sängerin weinte und musste ein zweites Mal starten, an dem üblichen Todesschmaus nicht teilnehmen wollten. Mir war klar, dass Freunde, die von weither angereist waren – wie Manfred Reiter aus Australien – etwas enttäuscht waren, hatten letztlich aber Verständnis für uns. –

Zurück zu meiner Kirsten. Mir war und ist auch heute noch klar, wie schwer es für sie ist, alleine zu sein. Sie hatte viele kurze Bekanntschaften noch zu Lebzeiten ihrer Mutter. Wir gestatteten ihr schon früh, länger als andere auszugehen, hatten gemeinsam Angst bis sie wieder zu Hause war. Wir ließen sie ihre Freiheit genießen im Vertrauen darauf, dass sie wusste was sie tat. Ich könnte mehrere Seiten zu meiner Tochter Kirsten füllen – weniges, immer wieder das gleiche, ging mir auf dem Schnee durch den Kopf. Sie zeigte nach unserem gemeinsamen Australien-Urlaub ein, für Heide und mich, unverständliches Verhalten Stefan gegenüber, mit dem sie fast sechs Jahre zusammenlebte. Zwei Jahre lang wollte Kirsten heiraten und Kinder haben – Stefan nicht. Nach dem gemeinsamen, herrlichen Urlaub und seinem abgeschlossenen Studium wollte Stefan beides und nun Kirsten nicht mehr. – Trotz Warnungen, was passieren könnte, wenn sie zweigleisig fährt, glaubte sie, dass ihr Stefan immer nur sie möchte. Es passierte was ich erwartete. Er lernte ein anderes Mädel kennen, und nach langen Versuchen Kirstens, Stefan zurückzuholen, kam es zur Trennung. Schade ...

Insofern sind wir froh, dass sie Dirk kennenlernte. Und meine Gedanken kreisten um beider Entscheidung, wie ihr Leben weitergehen wird – gemeinsam?

Finger werden wieder kalt!

* * *

Dienstag, 16. Januar 2007

Das Abendessen liegt hinter mir nach weiteren 8 1/2 Stunden auf den Skiern. Das Wetter war zwar etwas besser – wenig Wind, aber noch immer –28°C, und wir hatten es heute mit sehr vielen Sastruggis zu tun. Das sind Schneeverwehungen, die bis zu 90 cm hoch sind. Die werden in drei Etappen überquert:

1. mit Skiern darüber
2. den Schlitten, der jetzt über 50 kg wiegt (habe ca. 10 kg von Richard übernommen), über die Verwehung ziehen
3. der Schlitten rollt dann zwar herunter, schlägt aber beim Wieder-anziehen jedes Mal in den Rücken, und das mehrmals in der Stunde – 8 1/2 Stunden heute.

*Sastruggis - oder „gewachsener Schnee"
sind Schneeverwehungen, die bis zu
90 cm hoch werden können*

Richard und Jin werden immer schwächer. Wie erwähnt habe ich bei der Aufteilung des Gepäcks 10 kg von Richard übernommen. Ich hoffe, ich übernehme mich nicht. Trotz der Kälte schwitze ich bei unseren Märschen. Die Feuchtigkeit verlässt meine Windjacke nicht, so dass ich abends nach Ankunft total vereist bin. Hört sich komisch an. Aber aus meinen Ärmeln, die ich unten aufgeschnitten habe, kommen bis zu 2 cm dicke Eisschichten heraus. Meine Fleecejacke darunter ist weiß und voller kleiner Eisklümpchen. Die Jacke ist falsch ausgesucht. Meine Balaclava wird vom Eis befreit, liegt bis das verbliebene Eis geschmolzen ist in einem Plastikbeutel in meinem Schlafsack, wird ausgewrungen und dann, so gut es geht, bis zum nächsten Morgen durch meine Körperwärme in meinem Schlafsack getrocknet. Das gleiche übrigens mit der Windjacke. Dass ich noch nicht krank bin, wundert mich! –

Wie erwähnt hängen Jin und Richard furchtbar nach. Nach 50 Minuten gibt es ja eine Pause. Oft warten wir länger als diese 10 Minuten, obwohl wir schwere Teile ihres Gepäcks auf uns drei aufgeteilt haben. Uns geht dadurch mindestens ein Tag verloren. Ich bin noch immer sehr gut auf den Beinen. Auch das wundert mich ... Wahrscheinlich ist es der Wille, den Südpol zu erreichen.

Wir sind nun noch 2 1/2 Tage vom Ziel entfernt. Ich hoffe, dass mein Körper weiter so mitspielt. Wir müssten bei gutem Wetter morgen Nachmittag bereits den Dom und weitere Gebäude der amerikanischen wissenschaftlichen Station sehen können. Aber dann sind es noch immer ca. 20 km. Die Motivation und damit Freisetzung der letzten Kräfte wird steigen. Hoffentlich auch bei Jin und Richard. Übrigens musste heute die Bindung an einem von Jin's Ski repariert werden.

Die Finger werden wieder kalt! Ich schreibe im Zelt in einer unmöglichen Stellung, ohne Brille bei – 20 °C.

Mittwoch, 17. Januar 2007

Ein weiterer Schwerstarbeitstag. 9 Stunden auf den Ski. Die Sastruggis belasten den Rücken sehr, auch wenn ich versuche, die harten Schläge auf die Wirbelsäule zu mindern. Trotz - 30°C, aber bei Sonne und nur mäßigem Wind, sind wir ein großes Stück weiter gekommen – gute 19 km, bei den bekannten Umständen. Wir mussten allerdings, um diese Leistung gemeinsam zu bringen, nochmals Gewicht von Jin und Richard aufteilen. Alex und ich wären gerne noch 1 bis 1 1/2 Stunden gelaufen, um dann morgen den Pol zu erreichen. Beide – Jin und Richard – konnten leider nicht mehr. Deshalb werden die verbleibenden 24 km auf zwei Tage aufgeteilt. Einmal mehr Zelte auf- und abbauen, Schlafsack, Matratze – alles einmal mehr... Alles was nass wird, einmal zu viel trocknen im Schlafsack. Ich gebe zu, dass ich mich sehr auf ein

Pause

normales Bett freue und dränge auch darauf, dass wir nicht mehr als eine Nacht am Südpol im Zelt schlafen. Mir genügt es, schöne Fotos zu machen, wenn die Kamera wieder funktioniert, die versprochenen Karten zu schreiben, Souvenirs für die Kinder einzukaufen, eine Führung durch das amerikanische Forschungszentrum mitzumachen und ab geht's in menschenfreundlichere Gebiete. Nach 14 Tagen wieder mal duschen, Zähne putzen und dann den nicht vermeidbaren Geruch loswerden...

Heute hat es mal hier und da in meinem Körper gezwickt. Man schwitzt ja unter der Windjacke bei den ernorm anstrengenden Skimärschen über die Sastruggis. Man kühlt unheimlich schnell bei den kurzen Pausen ab und friert. Ich spüre die nun über 50 kg des Schlittens in meinem Rücken. Ich spüre auch mal die linke Hüfte, das Knie oder das Schultergelenk, erstaunlicherweise nicht die von Prof. Hofmann im Offenbacher Stadtkrankenhaus eingesetzte Titan-Hüfte rechts. Denn mit den Skistöcken und damit mit den Armen wird ein Teil der Kraftarbeit und Balance über die Sastruggis geleistet. Es ist alles doch noch enorm anstrengender als ich mir das vorstellen konnte. Und in 2 Tagen habe ich mein Ziel erreicht!

Werde mich gründlich zu Hause untersuchen lassen und dann entscheiden, ob ich im April 2007 mit dem Schweizer Thomas Ulrich zum Nordpol – ebenfalls die ähnliche Strecke mit Ski – gehe. Reizen würde mich das schon, mit meinem Alter zu den wenigen Menschen zu gehören, die Nord- und Südpol in einem Jahr per Ski erreicht haben. Mir ist aber auch klar, dass ich an meine beruflichen Verpflichtungen denken muss.

* * *

Was einem bei solch langen Skimärschen durch den Kopf geht! Meine Schwester Berti sagte mir bei meiner Verabschiedung zu dieser Tour, dass so etwas auch ihren Walter interessiert hätte. Ich kann mir das auch gut vorstellen und mit einem solch tollen Menschen hätte nichts schief gehen können: Mannschaftsgeist, Ehrgeiz und Siegeswille – alles Voraussetzungen, so etwas erfolgreich zu bestehen. Übrigens auch Eigenschaften, die ich als ganz junger Mensch in unserem Sportverein SG Riederwald von seinem Vater in der Kindergymnastik und später dann von Walter gelernt habe. Meine Zeit als Handballer und später als Bundesligaspieler bei Kickers Offenbach und dann von 1962 bis 1976 bei SG Dietzenbach war von Walter stark beeinflusst. Zweimal Bezirksmeister und 2. Hessenmeister in der Riederwälder A-Jugend habe ich und die gesamte Mannschaft in erster Linie ihm zu verdanken. Auch wenn er gerade zu mir – als damals Schwager in spe – besonders streng war. Eine für mich unvergessene Zeit bei diesem Arbeitersport-verein mit Freunden, an die ich mich heute noch sehr gerne erinnere. Fahrradfahrten, Veranstaltungen, Turnfeste, die Vater und Sohn in erster Linie ausrichteten. Ich kann und habe mich während des Marsches Richtung Südpol auch an die Hessenmeisterschaft Berti's im 800 m Waldlauf in Lützelinden erinnert, bei dem ich mit Vater stolzer Zuschauer war! Schade, dass damals die Kosten zur Teilnahme an der Deutschen Meisterschaft weder von der SG Riederwald noch von der Familie auf-gebracht wurden. Mir ging durch den Kopf, dass es einige Jahre gab, in denen alle vier Schwestern in der ersten Damenhandballmannschaft der SG spielten. Wann gab es das je woanders?

Und natürlich ging mir auch der Leidensweg Walters und der gesamten Familie nochmals durch den Kopf. Ich hatte damals ähnliche Fragen wie bei den Leiden meiner Geschwister Hildegard und Dieter, bei meiner geliebten Matzel: zu früh für solch gute Menschen!

Die Finger sind zu kalt!

* * *

Erfolgreiche Rückkehr der vier Royal Navy Männer, die das schafften, was Scott verwehrt blieb.

Sonntag, 21. Januar 2007

Wir sind seit gestern Abend wieder in Patriot Hills, haben hier alles getan, was zu tun war und warten auf die Ilyushin 76. Als ich heute Nacht vom Zelt zur Toilette ging, kam gerade die 4-köpfige „ROYAL NAVY"-Mannschaft an. Sie haben in 72 Tagen per Ski von und nach Patriot Hills den Südpol erreicht. Sie haben das geschafft, was Scott um 11 km verpasste und dann mit seiner Mannschaft auf dem Antarktis-Plateau starb.

Nun zu den letzten Tagen: Nach reinen 7 „Arbeitstagen" haben wir den Südpol geschafft! Am letzten Tag, 18. Januar 2007, haben wir mehr als 22 km auf Skiern unsere Schlitten gezogen. Lediglich Richard schaffte seinen Schlitten nicht mehr. Gewichte wurden nochmals aufgeteilt. Ich hatte dann über 50 kg an meinem Rücken. David zog zwei Schlitten. Wir wollten unbedingt einen Tag sparen, und nur so ging das.

Schon sehr früh am 17. Januar 2007 sahen wir die ersten Umrisse der Gebäude der amerikanischen Amundsen-Scott Station. Eine für mich unglaubliche Motivation zur Mobilisierung der letzten Kräfte. Und wie erwähnt, trieb das alle anderen auch an, schnellstens anzukommen. Auch Jin war letztendlich bereit, nach 8,5 Stunden weiterzulaufen. Ein „Arbeitstag" dann von fast 13 Stunden. Das Wetter war auf unserer Seite: blauer Himmel, relativ wenig Wind – allerdings knapp über -30°C.

Meine Gefühle waren einzigartig! Ich vergaß die Strapazen, die hinter mir lagen. Genugtuung, Freude, Beweis dafür, dass mein angegriffener Körper durch die vielen Operationen gemeinsam mit meinem Kopf doch noch funktionierte und belastbar ist. Für mein Ego ja einer der Gründe für diese Expedition.

Technische Versorgungsanlagen

Die wissenschaftliche Station - der Neubau

Die ehemalige wissenschaftliche Station: „der Dom" schon zwei-drittel im Schnee versunken. Wird heute als Lagerraum benutzt.

Markierungspunkt geografischer Südpol

Ich habe an meine Heide gedacht, an meine Kinder und Enkel und hätte gerne alle um mich herum gehabt. Ich hätte sie gerne in meine Arme genommen. Ich habe an meinen Vater gedacht, der uns ja so oft von den Pol-Reisenden erzählte.

Ich war aber auch stolz auf mich und dachte daran, ob ich noch einmal so etwas auf mich nehmen soll im Hinblick auf den Nordpol. Erst mal nach Hause, so schnell wie möglich – dann entscheiden!!

Die Enttäuschung Scott's ist hier festgehalten.

Wir wurden von zwei Mitarbeitern der amerikanischen Station in Empfang genommen und beglückwünscht. Eine etwa eine Stunde dauernde Präsentation der Station folgte, bevor wir unsere Zelte ca. 200 m vom geographischen Südpol aufstellten. Da wir warme Getränke und Gebäck in der Station erhielten, musste nicht mehr gekocht werden.

Von den verschiedenen Zeiten, die nun zu beachten waren, war ich doch etwas irritiert. Die 256 Mitarbeiter der Station richten sich nach der Neuseelandzeit, ca. 16 Stunden vor unserer deutschen und 12 Stunden vor der chilenischen Zeit, nach der wir seit Ankunft in Punta Arenas leben.

Expedition zum Südpol

Zwei Nächte im kleinen Zelt waren noch zu überstehen. Die letzten Nächte kam ich kaum noch zum Schlafen. Ich hatte, wahrscheinlich vom Kopf kommend, gewisse Platzängste. Das hatte ich ja schon beim Training in der Schweiz erlebt. Aber mit dem Wissen um die dünnere Luft in über 3000 m Höhe musste ich ständig aus dem Schlafsack bis es wieder zu kalt wurde! Aber mit wenig Schlaf komme ich ja seit meiner Kindheit gut zurecht. Und trotzdem: an Kraft, meinen Schlitten täglich mehr als 8 Stunden zu ziehen, fehlte es an keinem Tag.

Wir ließen übrigens unsere Schlitten fast am geografischen Südpol mit unserem Geschirr stehen, zogen die Daunenjacken an, nahmen die Kameras und machten die ersten Bilder vom so lange als Ziel vor uns liegenden und jetzt erreichten Südpol. Am Punkt direkt eine Metallplatte ins Eis geschlagen mit den Flaggen der Länder, die Mitglied der „Antarktis-Vereinbarung" sind. Da sich hier die amerikanische Amundsen-Scott Station befindet, ist die amerikanische Flagge zentral platziert. Skulpturen aus Eis schmücken einen Zeremonienplatz. Beeindruckend!

Da das Eis der Antarktis im Jahr ca. sechs bis zehn Meter wandert, wird der den Südpol markierende Punkt entsprechend verändert ins Eis gelassen. Stets ein neues kleines Kunstwerk.

Danach nochmals den Schlitten anschnallen, zu unserem „Campground" mit Blick zum Südpol und in den Schlafsack. Trotz totaler Überanstrengung komme ich nicht zum Schlafen. Mir ist beim Zeltaufbau endgültig klar, dass ich einiges abbekommen habe von der Kälte. Meine

Fingerspitzen sind fast gefühllos; das ist auch noch jetzt so, einige Tage danach auf dem Rückflug von Punta Arenas nach Santiago de Chile. Das Schreiben beweist es mir!

Beim Ausziehen meiner Skischuhe nach dem harten, langen Marsch am letzten Tag fällt mir relativ viel Blut im rechten Socken auf. Ich ziehe ihn zum ersten Mal seit elf Tagen aus und sehe, dass am rechten großen Fußzeh eine große Blase aufgegangen ist. Links am mittleren Fußzeh hat sich eine Blutblase gebildet. Der Fußnagel ist weiß und wird sich ablösen. Ich habe keinerlei Schmerz während des Skilaufens empfunden. Wahrscheinlich waren Motivation und Kälte stärker als das Schmerzempfinden. Ich habe beide Stellen dann 2 Tage später in Patriot Hills vom dortigen „Doc" ansehen lassen. Die befürchtete Entzündung gab es nicht. Ein Pflaster auf beide Stellen (die Blutblase links war von selbst aufgegangen) und ich bewege mich ganz normal.

Ein Ereignis, das sich noch am Südpol ergab, sollte erwähnt werden, da es mir einen großen Schreck einjagte.

Ich wurde von mehreren Mitarbeitern der Amundsen-Scott Station eingeladen, an einer „Grill Party" teilzunehmen. Auf meine Frage, wie es um meine „Teamkollegen" stünde, wurden auch sie willkommen geheißen. Ich holte sie sowie eine dreiköpfige Damengruppe, die einen Tag vor uns den Pol auf Skiern erreichte, aus den Zelten. Auf ging es zu einer der älteren Hütten, dem so genannten Sommercamp. Enorm laute Rock-Musik, ca. 40 Menschen, Bier- oder Whiskyflaschen am Hals, Hotdogs oder Hamburger schmatzend in einem überheizten, verdunkelten Raum, empfingen uns mit ehrlicher Freude. Keiner von uns konnte verweigern, Bier oder Whisky ebenso ohne Gläser in sich hinein zu schütten. Tanzen am Südpol, Herumalbern an einer Stange in der Mitte des Raumes, Diskussionen mit Wissenschaftlern und Handwerkern, die die riesige Station in Betrieb zu halten haben – das hatte ich so nicht erwartet! Ich wurde als ältester Mensch, der die Station am Pol je auf Skiern erreichte, beglückwünscht, erhielt das neueste Südpol-Shirt (XL) als „Anerkennung" und aus Trinken wurde ein Besäufnis. Nach sechs

*Einladung der amerikanischen Wissenschaftler
zum einem Barbeque im „Sommercamp",*

Stunden brach Alex, unser Mann aus Moskau, total betrunken in sich zusammen. Ihn die ca. 25 Minuten vom Ort des Geschehens zu unserem gemeinsamen Zelt zu schleppen traute ich mir nicht zu! Wir fanden in einer der anderen „Hütten" eine Schlafgelegenheit für Alex und machten uns auf zu unseren Zelten. Nach elf Tagen gemeinsam mit ihm im Zelt, seinem Schnarchen und Diskussionen über den abgelaufenen Tag, die Erwartungen des nächsten, fühlte ich mich ziemlich verlassen. Da er nach acht Stunden noch immer nicht zurück war, bat ich unseren „Führer" David, Alex mit mir abzuholen. Wir sollten ja auch nicht bei der Stationsleitung unangenehm auffallen!!

Wir fanden den verdunkelten Raum, auch seine Skischuhe (ohne inneren Filzschuh), seine Daunenjacke und Schal – aber keine Spur von

Hier wurde gefeiert.....

Alte (links) und neue Hütten (rechts)

Alex. Wohl wissend, was – 35 °C für einen nicht entsprechend geklei-deten Menschen in Schnee und Eis bedeuten, saß der Schreck tief! 20 Minuten Suchen ohne Erfolg! Meine Angst, ihn erfroren hinter einer die-ser Hütten zu finden, steigerte sich. Ich schlug vor, nach Spuren ohne Profil-Abdruck im Schnee von seiner Hütte aus zu suchen, denn ich wusste von seinen Filz-Innenschuhen! Wir fanden auch solche Ab-drücke, verfolgten sie bis zu einer Hütte, die ca. 30 Meter von seiner „Schlafgelegenheit" entfernt stand, und hier endeten. In der hintersten Schlafkammer fanden wir Alex, schnarchend. Ich benötige ca. fünf Minuten, bis er seine Situation verstand. Was war geschehen?? Nach-dem wir ihn in Richtung unserer Zelte verlassen hatten, schlief er, bis er den starken Drang zum Wasserlassen bekam. Er wollte dies nicht unbe-dingt direkt vor der Tür tun, entfernte sich etwas und fand anschließend seine Hütte nicht mehr! Hier stehen ca. 15 solcher, alle gleich ausse-henden, Holzhäuschen.

Er gab das Suchen dann sehr zu seinem Glück auf und legte sich in eine andere freie Kammer. Ich erzählte ihm von den Sorgen, die wir uns um ihn – wie ich noch jetzt meine zu Recht – machten. Grinsend meinte er hierzu, das sei doch völlig unsinnig! Er hätte sich einfach russisch ver-halten! Und dann auf Deutsch mit einem schönen russischen Akzent: „Wer nicht liebt Wein, Weib und Gesang, der bleibt ein Narr sein Leben lang!" –

Mit einem tollen Fahrzeug mit Riesenrädern erhielten wir dann von Mike, mit dem ich während der Party interessante Gespräche führte, Sondergeleit zu unserem Zelt! Und dann kam die Nachricht, auf die wir eineinhalb Tage am Südpol warteten: Die Twin-Otter, die uns über Thiel Mountains – zum Auftanken – nach Patriot Hills bringt, ist in der Luft. Mir wurde schlagartig klar, dass meine Südpol-Expedition zu Ende geht!

Abbau der Zelte, noch einige Bilder schießen, die mir während der Kurz-filme auffielen, die von Stationsmitgliedern gedreht und am Sonntag als „Südpol-Filmfestival" allen Interessierten vorgeführt wurden, Aufwär-men im Hauptgebäude mit Kaffee und unsere Maschine landete.

Unsere Schlitten mit Skiern und allem, was wir gute zehn Tage inklusive Test in Patriot Hills mit uns zum Südpol brachten, wurde in die Maschine geladen und nach fünf Stunden waren wir wieder in Patriot Hills.

Erneut wurde ich von einem großen Glücksgefühl befallen. Ich habe ohne große gesundheitliche Probleme mein Ziel erreicht. Ich befinde mich auf der letzten Etappe, mit dem Hochgefühl, etwas für mich Wichtiges erreicht zu haben: der Heimreise. Ich kann es kaum noch erwarten, dass uns die Ilyushin 76 von Patriot Hills nach Punta Arenas fliegt.

Kurz vorm Verlassen des Stüdpols

Abholung am Südpol durch die Twin Otter

Expedition zum Südpol

Samstag, 20. Januar 2007

Zuerst heißt es, der Flug ist für den 23. Januar geplant, und dann doch die Nachricht, sie kommt bereits am Sonntag, 21. Januar. Große Freude! – Eher zu Hause!

Nach unserer Ankunft in Patriot Hills genießen wir ein kleines Abendessen mit Sekt, Wein, tollen Steaks als Anerkennung, den Südpol geschafft zu haben. Es sollte dann die letzte Nacht im Zelt auf der Antarktis folgen. Erneut kaum Schlaf. Die Gedanken sind zu schön, zu aktiv! Es folgt nochmals ein für den Platz und die Umstände tolles Frühstück mit Rührei, Speck, Salami, Obst, Joghurt, Kaffee, Tee und Säften. Und dann wird das in Patriot Hills verbliebene, auf unserem Marsch zum Südpol nicht benötigte Gepäck zusammengeworfen und die Ski in den Sack gesteckt. Die Maschine war zwischenzeitlich auf dem Eis gelandet. Daunenjacke und Skischuhe an und 1,5 km Lauf auf spiegelglattem, auch hier noch gut 700 m dickem Eis. Einstieg, Anschnallen, direkt vor leeren Kerosin-Fässern, Matratzen, die nach Ende der Saison wieder nach Punta Arenas gehen und allerlei anderen Materials. Start des Riesenfliegers. 5 Stunden später Landung in Punta Arenas.

Wir sehen seit 16 Tagen wieder einmal Pflanzen, Bäume, Gras. – Südpol, Antarktis war eine unvergessliche Reise. Es wird mir klar, es ist Geschichte. Wir haben uns für die letzte Nacht in eines der besten Hotels in Punta Arenas buchen lassen: Cabos de Hernos /Kaphorn. Ich genieße die erste Dusche seit über 15 Tagen, ein herrliches Bett in einem sehr schönen Zimmer, telefoniere mit meiner Heide und erfahre von ihr, dass das City Reisebüro für den Folgetag Flüge von Punta Arenas nach Santiago de Chile und Anschluß über Madrid nach Frankfurt buchen konnte! Schön!

In einem schönen Restaurant lassen wir uns spät abends nochmals chilenisch verwöhnen. Guter Rotwein, gute Vorspeisen, tolles gegrilltes Lamm. Zu Ehren von Alex' Überleben Wodka und Kaffee! Erneutes Zusammenführen des Gepäcks, das in Punta Arenas verblieb. Am nächsten Tag zum Flughafen und die beiden Etappen, die meine Reise zum Südpol beenden, werden angetreten.

Seit 20 Minuten bin ich nun in der Maschine von Santiago de Chile über Madrid nach Frankfurt. Ich freue mich sehr auf meine Heide. Mal sehen, ob auch Kirsten da ist – würde mich sehr freuen. Thorsten wird noch in den USA sein.

Seit zwei Tagen weiß ich von Heide, dass mein Sohn sich offensichtlich endgültig von Heike getrennt hat. Was heißt eigentlich endgültig? Es gab doch einen Stich in meinem Herzen, als Heide mir das in Patriot Hills sagte. Er wohnt bei uns und sucht nach einem Haus. Es scheint nach all dem, was mein Sohn in den letzten 12, vielleicht 24 Monaten erlebt hat, keine andere Möglichkeit für ihn zu geben.

Ich denke sehr oft an seine drei tollen Kinder, meine Enkel! Wie sieht es in ihren kleinen Herzen aus? Wie stark wird dieses Erlebnis in so jungen, vieles entscheidenden Jahren auf sie wirken? Und dann kommt, was ich zuvor bereits angedeutet habe, auch bei mir als Vater der Wunsch auf, dass der Sohn wieder Freude am Leben gewinnen muss, dass er wieder genießen kann.

Ich denke, meine Matzel und ich – und nun mit Heide – haben vorgelebt, wie man gemeinsam glücklich sein kann und auch komplizierte Situationen gemeinsam meistert. Ja, gemeinsam!

Wann und wie hätte man/ich von außen helfen sollen? Erwähne dies auch hin und wieder in wenigen Gesprächen seine Ehe betreffend. Seine Antwort war stets, dass Heike die beste Mutter sei, die er sich für seine Kinder denken könnte. Ich werde mit der Situation zurecht kommen müssen. Meine Enkelkinder wünsche ich so oft wie möglich sehen zu können. Insofern hoffe ich auf Verständnis und ein großes Herz von Heike!

Ich habe in freien Minuten auf dieser Reise (bei Flügen, im Zelt) eine Kurzfassung über die großen Philosophen und Denker Deutschlands gelesen. So natürlich auch über Karl Marx. Es ist beeindruckend, wie Marx und seine Frau Jenny in großer Armut die Ehe und Familie trotzdem zusammenhalten konnten. Trotz des Todes von drei Kindern.

Große Freude bei mir, nach Hause zu kommen nach diesen vier Wochen! Aber auch gewisse Angst, was mich in diesem Zusammenhang erwartet. Wann sehe ich Moritz, Niklas und Amelie wieder? Wie verhalten sie sich mir gegenüber? Verkehren wir offen und ehrlich miteinander? Grüßt mich Heike, wenn wir uns sehen? Dumme Fragen? Aber sie beschäftigen mich!

Habe nun gerade noch meinen Sitzplatz in der Maschine erreicht, die mich auf der letzten Etappe meiner Reise von Madrid nach Frankfurt bringt. Im Transit habe ich mich durch Telefonate mit Heide, Kirsten und Thorsten total verlaufen. Vor allem das Gespräch mit Thorsten war wahrscheinlich der Grund für meine Verwirrung! Ich bin zweimal mit dem internen Flughafenzug gefahren, habe wahrscheinlich alle neuen Gebäude des Madrider Flughafens durchrennen müssen, um gerade noch vor Verschließen der Türen dort anzukommen, wo ich eine Stunde zuvor ausstieg. Nass geschwitzt wie auf dem „langen Marsch zum Südpol"!

Verwirrung: Thorsten bestätigte, was ich bereits von Heide wusste. Er erzählte mir von seinem Gespräch mit Heike, seine Begründung, ihre Enttäuschung (verständlich) und den Reaktionen der drei Kinder. Moritz sei ziemlich gefasst gewesen, Niklas leidet und Amelie versteht wahrscheinlich das ganze Geschehen noch nicht ganz. Wie soll dies auch ein noch nicht vier Jahre altes Kind?

Das Thema „neues Heim" für Thorsten sprach er an. Ich habe dies durch ganz andere Gedanken in diesem Zusammenhang nur teilweise wahrgenommen. Heide ist von ihm informiert. Werde mit Heide sprechen und mich auf die Rückkehr von seiner Geschäftsreise aus den USA vorbereiten, bat ihn, nur keine Zwischenlösung zu suchen. Die Zwischenlösung sollte bei uns sein, in seinem Elternhaus zu leben, bis er das gefunden hat, was auch Bestand hat, wenn seine Kinder bei ihm sind.

Das ganz normale Leben hat mich schon wieder im Griff, obwohl noch nicht zu Hause. Dies ohne Bewertung. Ich lege das Heft nun vorerst zur Seite und lese bis Frankfurt in „Deutschlands große Denker".

Kurz vor meiner Landung in Frankfurt:
Eine Reise, als Ziel die Erfüllung eines Traumes, geht zu Ende. Ich bin unendlich glücklich, dass ich mich dazu durchgerungen hatte. Zwar etwas spät, aber – wie ich nun nach Erreichen des Ziels weiß – nicht zu spät. Mir gingen viele Gedanken in der Vorbereitung, viele Gedanken während der 15 Tage auf der Antarktis und besonders beim Marsch alleine (trotz vor oder hinter mir Mitstreiter mit dem gleichen Wunsch, den Südpol zu erreichen) durch den Kopf. Gedanken, die nicht weg waren, als ich mich körperlich besonders bemühen musste. Es waren Gedanken an meine Liebsten. Nicht alle habe ich hier festgehalten. Dazu gab es nicht ausreichend Gelegenheit. Sollten Heide und meine Kinder Gelegenheit haben, dies zu lesen, sollen sie wissen: Ich war jeden Tag in guten Gedanken bei ihnen. In Liebe, in Dankbarkeit für das, was ich von ihnen immer zurückbekomme und in der Hoffnung, dass wir noch lange eine schöne Familie mit schönen gemeinsamen Stunden sein können.

* * * * *

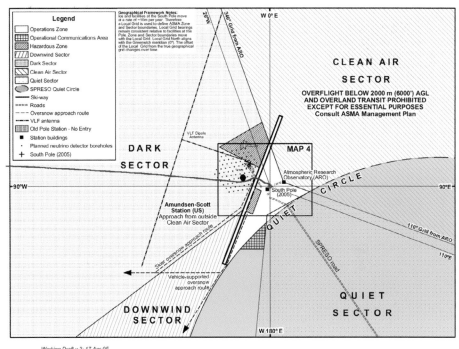

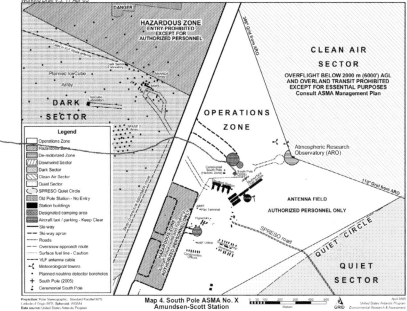

Map 4. South Pole ASMA No. X
Amundsen-Scott Station

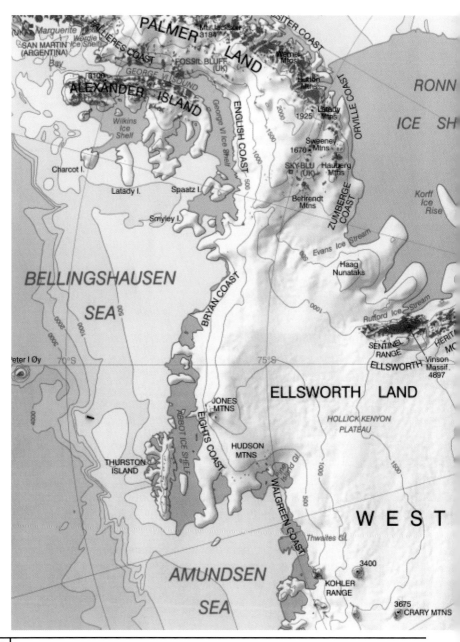

Expedition zum Südpol

Kapitel II

Südpol-Expedition

Website

Täglicher Bericht von Richard Laronde

Thank You to the people at Antarctic Logistics and Expedition (ALE). They run a professional operation under very extreme conditions and make it look easy. Everything happened exactly as they described. There were weather delays, sometimes for days, but they had predicted that as well. A professional operation; logistics is their middle name in more ways than one. Regrettably, comments we posted on this site were copied to another site without our knowledge where they were used to criticize ALE's operations. No criticism of ALE was ever intended by us or warranted by their actions. Our apologies.

1/7/2007

HELLO - WINDS DOWN - PLANE FIXED - CLOUDS QUESTIONABLE - WE ARE ON THE WAY TO THE AIRPORT! - RICHARD

1/8/2007

I have arrived in Antarctica. This afternoon I was watching the Patriots game in Punta Arenas. I was using Slingbox which allows me to view whatever is on or den TV in Walpole, provided the internet connection is good enough. We received a call to dress and wait for transport. At the airport we boarded the Ilushin for the 5 hour flight to Patriot Hills.The landing on a blue ice runway was very interesting, it took us a long time to stop since brakes are useless.The weather here is sunny and warm, about 5 below. We had a meal and then to bed in our tents. We have a big day tomorrow.

1/8/2007

Today we skied about 5 miles out from Patriot Hills, not headed for the South Pole yet, just testing our equipment and seeing how we work as a group. There are five of us. David our guide is from Scotland and the other four are from Germany, Russia, China and the United States (me).

1/9/2007

I am backtracking a little. This is the inside of the cargo jet that flew us to Patriot Hills. Equipment in the middle, people on the sides. The big problem with using the computer here is one I didn't expect. It is so bright I have to put my sleeping bag over my had to see the monitor. And it is daylight 24 hours a day.

1/9/2007

Sorry, I sent the wrong picture, this should be the correct one. We are having oatmeal for breakfast, I can't wait! It seems like everything tastes great here. It must be that adventure makes a great sauce. We skied well together yesterday, everyone at the same pace. Five minute rests every hour.

1/9/2007 - Back at Patriot Hills.

We skied out 5 miles yesterday and back today. Things went well but we are making a few equipment changes. I am going to bring my own tent; we were a little cramped with just the two tents. It's only another 5 pounds.

The important discovery is that we didn't have any Milo. When I read Icetrek, a book written by my North Pole guide Eric Philips, he talked about Milo. When we traveled to the pole together my first question was "What is Milo?" Turns out its Ovalteen, a favorite of mine. So back at Patriot Hills we have stocked up.

I am including pictures of last nights camp and of Jin Fei Bao, my new friend from Kumming, China. Jin is skiing with us to the South Pole, he does not speak a great deal of English, but he is strong, tough and very experienced. He is well known in his country and has climbed Mount Everest. Last night he was on the satellite phone late, giving interviews to reporters in China.

The weather has been bad at the Thiel Mountains. That is where we need to refuel when we fly out of here. So we have been delayed a little more. Tomorrow we are going to climb one of the local peaks to help with a radio repeater setup. Should be interesting.

1/10/2007

- This morning we climbed the Patriot Hills, the part of the Ellsworth Mountains that our Base is named after. The included picture is taken from the hills looking back at out base. If you can see some small black dots just to the left of the center of the image, that is Patriot Hills Base camp. The next nearest base is about 600 miles away, we are isolated!

We are taking the afternoon to rest up and are scheduled to fly out of here on a Twin Otter at 8 PM (6 PM in Massachusetts) We use Chile time since that is where we fly here from. Time is academic here because the Sun does not rise or fall, it rotates counterclockwise around the horizon. It is daylight for 6 months then dark for six months.

We will fly about 400 miles to the Thiel Mountains fuel cache, land and refuel from drums left by a Snow Cat expedition last month, then fly another 200 miles to 89 degrees south latitude where the five of us will be landed in the middle of nowhere to begin skiing to the pole.

To answer your question, the picture of Jin was taken in the ice caves at Patriot Hills. There are extensive tunnels dug out below the snow for cold storage, a constant temperature of 20 below. We were down there looking for some Milo.

1/11/2007 – 3AM – On the Polar Plateau

Everything went according to plan. Refueled at Thiel Mountains then arrived at 88 degrees 59 minutes south by 85 degrees 34 minutes west, elevation 9,072 feet. Also know as the middle of nowhere. The South Pole base is 70 miles away, we start skiing there tomorrow morning.

It is 14 degrees below zero in my tent. It was colder outside but I forgot to check the thermometer.

The attached photo is of the refueling process.
Feel free to send me an email.

1/12/2007

HELLO - WINDS 40 - STUCK IN OUR TENTS TODAY - HAVE FOOD, WATER, AUDIO BOOKS, WARM SLEEPING BAG - ALL IS WELL - HEY, THIS IS WHAT I CAME FOR

1/11/2007 11:30 pm – A Hard Day

A late start today because we got in late last night. Skied 6 hours and only advance 7.3 miles. 25 mph wind in our face, temp 27 below. That gives a wind chill of 51 below. Two others and myself picked up wind burn on our faces.

The attached picture shows images of Carter and Barbara I have attached to my ski tips so I can see them as I ski. They are the inspiration that keeps me going on a day like this. The picture of Barb is from her college ID.

It felt good to get into my sleeping bag tonight.

62.7 miles to the pole.

1/12/2007 10PM – Tentbound in Antarctica

I should write a book and use that as the title. But it would be a very boring book. We all got together in one tent for dinner, oriental chicken and brownies. At one time the wind speed was measured at 46 mph, it had been higher before that. Temp was down to 27 below but is now a balmy 19 below.

One day in the tent during an Antarctic blow was an interesting experience and even fun. Several days in a row could get very old. Alex's sled ended up inside a sastrugi (snow drift) that formed between out tents during the day. Communication is by screaming from tent to tent. David and Jin are in a tent on the far end from me, so Norbert or Alex, in the center tent, relay the messages.

Thank you everyone for the emails, I can not answer every one because i am conserving battery power, but please keep them coming. Receiving messages takes almost no power, slowly writing a responce takes a lot more.

The picture is out my tent door.

1/13/2007 – A Harder Day

The wind was measured at 43 mph today, but it was not in our faces so we headed out and made 8.62 miles in 8 hours. Conditions were very bad, total white out. Like being inside of a ping pong ball, all you can see is the guy in front of you. There is no horizon, no sky, no up and down.

After the 8 hour trek you have to make camp and setup tents in high winds and zero visibility. You let go of a tent for one second and it is

headed across Antarctica. Inside the tent it is 20 below and everything is covered in snow.

I can't say we are enjoying this, it was physicaly the hardest day of my life. But this is part of the experience. I came here in part to see what the early explorers experienced. I now have even more respect for them and what the did. They were better men than me.

Spirits were high at dinner, everyone is in good health and hoping for better weather.

Friends and family beware, I am going to brag about this for a long time. Picture from left is Richard, Alex, Norbert and Jin. David took the picture.

53.5 miles to the pole.

1/14/2007 – A Better Day

We made 9.0 miles today in better conditions. The winds were down eliminating the white out and blowing snow. We should be at the pole in 5 days. We started with 10 days food and fuel, which should be plenty. The attached image is from my GPS unit and computer software. Our position is recorded every few minutes as we go by a GPS unit in my pocket. Camp 1 is where we were brough in by skiplane. Camp 4 is where we are now.

44.5 miles to the pole

1/15/2007 – Halfway!

Today we skied for 9 hours and made 10.0 miles. We are exactly halfway from our drop off point to the pole. The weather was good, 23 below and almost no wind. It was a sunny day and we could see for miles, except there is absolutely nothing to see.

The forecast is for us to get temperatures down to 41 below in a couple of days. I prefer the cold to wind and blown snow. Then again, I have never experienced 41 below!

We are all very pleased to be halfway to the pole. If the weather holds we should be there Friday.

The picture is of me after the days trek. My breath creates ice around my face. We ski wearing very little clothing. Long underwear, fleece sweater and windproof jacket. Even so after an hour of skiing we are opening vents in the jacket to cool off. It is important to limit sweating as much as possible as it will freeze when we stop our exertions.

34.5 miles to the pole

1/16/2007 – Pole Fever!

Today we made 10.4 miles in 9 hours of skiing, our best yet. Still thinking we will be at the pole Friday. Sun early now cloudy and cold. The best news is almost no wind.

It does not look like there will be time for me to climb Mount Vinson this year. No problem, I came here for the pole, Vinson was an extra. Right now we all have pole fever! We talk about it at every chance.

Pictures are of Norbert Kern, who wants his family and friends to know he is well and enjoying himself. And of myself with a get well soon to Billy, a good friend.

24.3 miles to the pole

1/17/2007 – Update

Today we traveled 11.0 miles in 8 hours, our best yet. It was a sunny day with moderate wind, 24 below. Tomorrow we should be able to see Amundsen-Scott station by mid-day. We will camp tomorrow night not far from the station and finish up Friday.

In the morning I will place frozen cheese cubes, salami slices, dried fruit and candy in a plastic bag. The bag goes in an inner pocket so the food is defrosted in time to be lunch. It is eaten standing in skis, my facemask removed for just the few seconds needed to put in another bite. Warm water comes from a stainless steel thermos. The lips stick instantly to the metal, so I tip the thermos up quickly to allow the warm water to unfreeze me. Gloves are worn at all times.

A picture of the plateau and an updated map.

13.2 miles to the pole

1/18/2007 – At the South Pole

We where going to spend the night about 4 miles from the pole and stroll in Friday. But when we saw the pole ahead we could not stop. We did 13.2 miles in 11 hours and staggered to the pole.

In the picture I am holding the actual pole in my right hand. I know the light was bad, we will get better shots later.

We are very tired and very happy!

Richard

1/19/2007 – South Pole Station

This place is incredible! The main building is like the set for a science fiction movie. We are allowed to hang out in the building, use the bathrooms and have coffee, juice and danish in the 24 hour canteen. They will not feed or house us, so no showers, meals or beds. We sleep in our tents about 200 feet from the pole.

We have also visited the "Summer Camp" a less formal collection of huts a short walk away. This afternoon we were invited there for a barbeque, and "pole dancing" at an impromptu disco. Tonight is the South Pole movie festival followed by another party.

I have visited the comms center and several of the scientific facilities here. The "Ice Cube" project is using 5 megawatts of hot water to drill 2-kilometer deep shafts in the polar ice cap. They then install neutrino detectors. At the 10-meter radio telescope we chatted with astronomers that are using the dry rarified air at the pole to look for what happened in the first $1/1\times10$ to the 35th of a second after the big bang that created the universe.

While having coffee this morning a NASA astrophysicist sat down to talk about neutrinos and the continuous creation of endless universes. I'm like a kid set free in a candy store!

The station staff are very friendly and all know each other, many have been coming here for a long time. So they instantly know that we must be one of those crazy people that ski to the pole. Incredibly they think WE are cool!

My biggest problem is finding time to sleep. We can't fly out yet because of high winds at Patriot Hills. OK by me!

The attached picture shows my GPS unit sitting on the actual pole marker. The unit reads 90 degrees exactly! This means nothing to most

people but for GPS enthusiasts this is the Holy Grail. I have seen pictures like this with explanations about why you can't read the numbers or why it is .999 instead of exact.

Pack 56 Den 1 at the South Pole

1/23/2007 – Home Again!

The last 48 hours have been a full speed trip from the South Pole to Walpole! A Twin Otter flight from the pole to Patriot Hills where a Champagne dinner awaited us. We also find that an unscheduled Ilyushin fuel flight is due in and will take us back to Chile. Back to Punta Arenas for one night at the best hotel in town, guests of Norbert. Plus another celebratory dinner with all the lamb we can eat. Then on commercial flights back to Boston.

This trip was more! More difficult than I imagined. Involved more cold than I was prepared for. Was more of a challenge, physically and mentally. But it was also more beautiful, more inspirational and more rewarding than I imagined. One reservation I had about this trip was that it could not live up to my North Pole trip. I was wrong. Both adventures are very special, but Antarctica is an experience beyond my ability to describe.

I find that it is the people we meet that make the experience, and the people that make their way to The Ice are a breed apart.

Richard, Alex, Jin and Norbert

The Last Place on Earth

A Day on the Ice

I wake at 7AM to the sound of my alarm. I have a sleeping mask and neck gaiter over my eyes to block out the intense 24-hour daylight, so finding the alarm is by feel. Taking off the mask is a slow, blinding process. Unzip the 40-below-rated sleeping bag which, depending on the temperature, has been closed to allow only a small breathing hole. If the sun is out, my daily clothing is hanging from inside the top of the tent. The tent is 87" long by 56" wide by 38" high, an interior that does not allow much room for this. If the weather is bad, my things are in the bag with me trying to dry out, they do not succeed.

Over in the tent of David, our guide, and Jin from China, the gaso burners are being lit in the tent\rquote s vestibule to start the two-hour process of turning snow into hot water. A shovel is pushed out the tent's door and is returned with snow that is carefully added to large pots for melting. This process is repeated every few minutes.

I bring my laptop computer into the bag to warm; its battery and the satellite phone have been in the sleeping bag all night. My MP3 player is also in the bag because I probably fell asleep last night listening to "The Worst Journey in the World," an audio book about Scott's ill-fated South Pole trek in 1912. I prepare lunch by breaking off frozen chucks of cheese and salami and putting them into a plastic bag. I add dried fruit, nuts and candy from my snack supply. This bag is placed in a pocket of my base layer (underwear) so it can defrost by lunchtime.

I unzip the tent door a little so I can see where on the scale of difficult to impossible the day's trek will be. I close the zipper on a mercury thermometer stuck outside, noting its temperature so I will be able to report the reading at breakfast. The computer is now cabled to the satellite phone, my jacket goes over my head to reduce light in order for me to see the screen, and I connect to a special Internet service to download my emails. I read my messages, write responses and reconnect to upload my outgoing emails. I am still mostly inside my sleeping bag.

Around 8 AM, David calls us to breakfast. I wear my down-filled tent booties which I have worn all night. My bowl, spoon and mug come with me along with thermoses to be filled for the day's drink. A juice flavor packet is added to the hot water. I also wear anything that is wet but which I will need to use that day nevertheless. David and Jin's tent is warm from the burners and is the last chance to dry things out.

Breakfast is oatmeal or porridge with tea, hot chocolate (Milo) or instant coffee. There may also be some leftover cookies or brownies from the night before. The five of us are in a tent about the size of a double bed and four feet high. We sit on the floor with legs folded except when we take turns stretching them out. This and dinner are the social events of the day, our chance to talk, plan and laugh. David answers questions and gives us tips on Antarctic trekking. We are from five countries and have four native languages. Lucky for me, we have English in common. Jin is not fluent and often gets left behind in conversation. However he is a very experienced climber and does not require much instruction.

In the tent after breakfast, we spend the most important time of the day. Final decisions on the day's clothing and equipment must be made. There is no chance to change anything during the day. A mistake now will be regretted all day, or even longer if it means frostbite. I wear three pairs of socks that are taped to my legs so they can't ride down. My boots have been taken apart the night before to dry, I reassemble them and add a chemical heat pack to the toes. My feet and toes are covered in paper tape, a sheer sock and powder to prevent blisters. This combination works very well. A heat pack is also placed inside my mitts; I wear three layers of gloves during the trek and never remove the inner pair, even to eat. A balaclava, face mask and ski goggles are critical. Camera and GPS go in an outside pocket so that they can be easily reached.

The sleeping bag is compressed into a stuff bag, air mattress deflated and ground mat rolled up around the mattress. The tent comes down and the sled is loaded. A down jacket, thermos, spare goggles, mask and mitts are placed inside on top so they can be quickly accessed if needed. The hauling harness goes on and is clipped to the sled. I step into my skis and gather my poles. Hopefully everyone else is ready at the same time or somebody is going to get very cold while waiting.

While trekking, we wear surprisingly little clothing. This is to prevent sweating. A base layer, fleece pullover and un-insulated windproof jacket are all that are worn on the upper body, even during the coldest days. This is about equal to what would be worn on a cool fall day back home. Long zippers in the jacket and pants are usually opened after we warm up, to let some cold air in and keep us cool. The downside is that when we are not hauling, we get cold very quickly.

The group will ski for an hour and rest for ten minutes. We do this four times and then take 20 to 30 minutes for lunch. David leads using a compass in the morning, and Alex, from Moscow, leads in the afternoon. This is not easy, especially during a whiteout. David was able to keep us on course for the Pole while I was having a hard time just staying vertical. Lunch is eaten standing, or sitting on our sleds, skis on. There is not much talking during these breaks, we make needed adjustments, drink warm juice from the thermos and face away from the wind. We usually ski for 9 hours a day and gain about 10 miles. By the end of lunch or a break, people are saying, "Let's go!" because they are getting cold.

Around 7 PM we stop and make camp. If it's windy, this can be rather difficult. And having a tent blow away would be bad. Before entering the tent we take off our jackets and brush away the snow and ice that has built up between the fleece and jacket layers. The snow melting process begins again, dinner around 9PM. The freeze-dried meals are pretty good, and a cup of soup on entering a warm tent is very welcome. We review our progress and plan the next day. David fills up the thermoses again. I bring the GPS or computer so we can view a graphic plot of our progress and see how well the leader has been doing using the compass to keep us on course. David and Alex do an excellent job and any errors are minor. David calls Adam back at Patriot Hills and details our position, progress and conditions. We find out the progress of other teams headed for the Pole. Norbert uses my satellite phone to wake up his wife at 3 AM in Frankfurt. We finish with cookies, coffee or tea.

Back at my tent, inside my bag, I remove ice from clothing and equipment and try and dry out wet things, set up the computer, check emails and write a daily progress report. The GPS is connected to the computer and the day's progress is plotted. Pictures are loaded from camera to computer and compressed so an image can be sent in 4 minutes instead of 30. I place a few phone calls to people back home. I love hearing the reaction when they realize it's a call from Antarctica. I zip up the sleeping bag and think how it will be to stand at the Pole, and how great it will be when I am home again to take the family to dinner and order anything I want in a warm restaurant that has indoor plumbing.

Impressions of our way to the south pole

Kissing the natives foot for luck

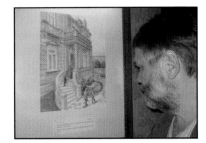

Norbert at Torres del Paine

Norbert, Richard

Cable Bridge in the Andes

John

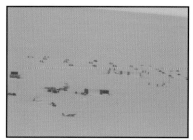

Patriot Hills from the air

Mess Tent at Patriot Hills

Patriot Hills Camp

Helicopter attempting to fly from pole to pole

Patriot Hills

Refueling at the Thiel Mountains

Our Pilots

At the Thiel Mountains

Leaving us in the „Middle of Nowhere" 89°

Jin, Norbert, Richard

David, Alex

My tent

Norbert

Alex, Jin

Richard, Norbert

How does this go together?

Alex with the Hannah compass

A blow on the Antarctic Plateau

Drying things in the tent

I sent a copy of this to the Cordon Bleu school in
Paris - they want David

Cooking = melting water on gasoline burners

Resting

Major Resting

Two moths until Sunset!

I hope this is the right direction

Setting up camp at the South Pole

Jin took my picture just as I was touching the pole

Tired people in a warm room

Galley

South Pole Station is more than imagined

Inspecting the Neutrino Detectors

The previous visitor was the Prime Minister of New Zealand, Helen Clark. My name will be with the Prime Ministers for the next million years

Inside the old South Pole Dome

My GPS on the actual South Pole reading 90°00.000'

Our Camp from the South Pole Station Galley

Inside the South Pole Station

In the cabin of the Twin Otter

Denise: First woman to ski to the North Pole
Correne: First African woman to ski to the South Pole
Beth: Shortest person to ski to the South Pole

Mike: Camp Director at Patriot Hills

Celebrating back at Patriot Hills

Figuring out the story on the Russian dolls

David

Sleeping on the Ilyushin as we head home

Eating Lamb in Punta Arenas

Meine lieben Kinder, Enkel, Heide, Geschwister und Freunde,

nachdem ich mit meinen Expeditionsfreunden den Südpol erreicht habe, möchte ich im gleichen Jahr den Nordpol mit Ski und Schlitten besuchen. Es wird viel von Klimaveränderungen und vor allem von Veränderungen am Nordpol gesprochen. Das möchte ich mir ansehen und vielleicht den einen oder anderen Menschen nachdenklich machen. Natürlich nicht zuletzt werde ich mir einen Jugendtraum erfüllen. Wie ich meine, bin ich gut vorbereitet. In den letzten Wochen habe ich entweder früh morgens oder abends ordentlich trainiert. Sowohl mein Arzt Dr. Jerwan, mein Physiotherapeut Hans Wiegand als auch mein Fitness-Trainer Holger Soukup bestätigen, daß mein Körper diese zweite Strapaze in einem Jahr gut überstehen müßte.

Ich hoffe sehr, daß die Information über Internet ohne Richard Laronde, der die Website auf der Tour zum Südpol so gut „fütterte", auch jetzt klappt. Richard will helfen und hat diese Webseite für mich angelegt. Ich werde versuchen, einige Bilder ab Borneo bis zum Nordpol zu liefern, sofern Kamera, Iridium-Telefon und der „Computer" mitmachen.

Wir werden zu viert im Team sein. Ich freue mich, Jin Fei Bao – unseren chinesischen Freund auf der Tour zum Südpol – wiederzusehen. Wir werden ein Zelt miteinander teilen. Außerdem werden ein Däne und ein Amerikaner zum Team gehören; unser Expeditionsleiter ist Keith, ein Amerikaner.

Am 14. April 2007 werde ich ab Frankfurt über Oslo nach Spitzbergen fliegen, komme dort abends an. Am 15. April werden Kleidung und Geräte geprüft und am 16. April findet der „Qualifikations-Test" statt, um am 17. April dann mit einer russischen Antonov nach Borneo zu fliegen. Dort angekommen werden die Schlitten angeschnallt und die ersten Kilometer Richtung Nordpol zurückgelegt.

Ich bin in grosser Vorfreude
Norbert

Keinen festen Boden unter den Füßen

Kapitel III

Nordpol-Expedition

April 2007

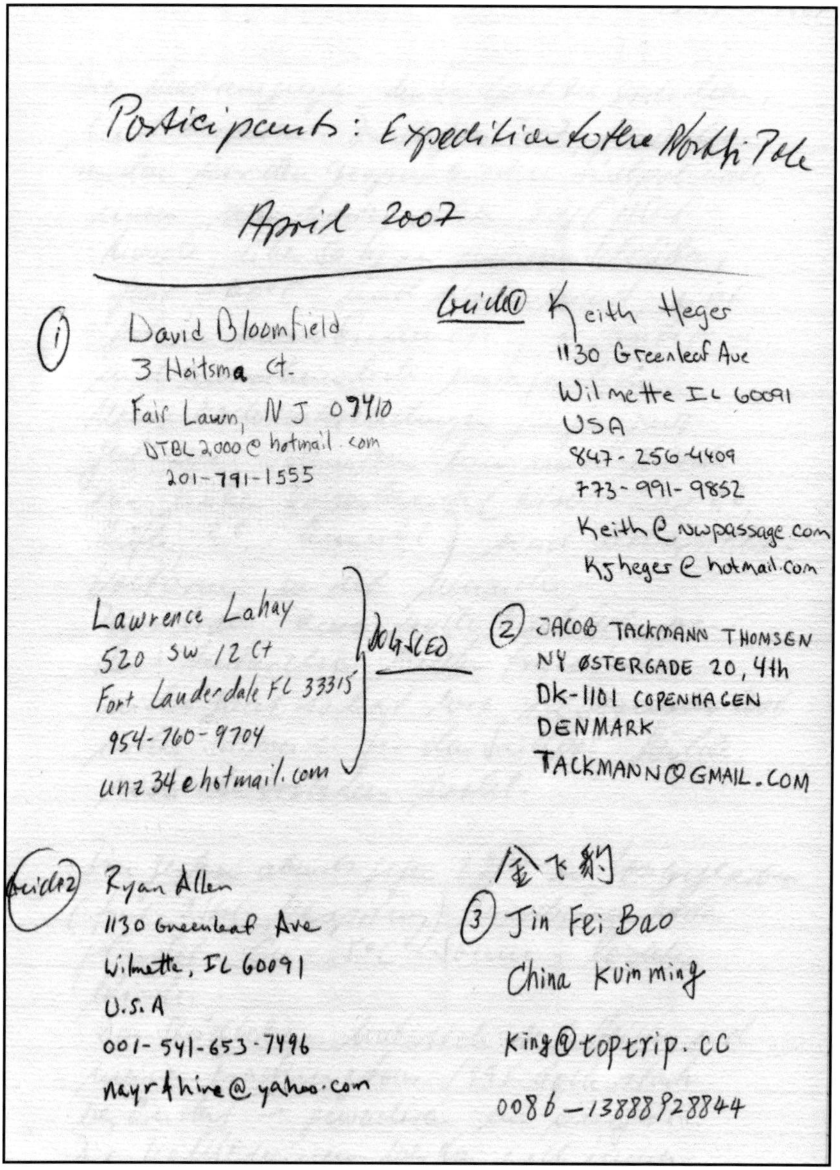

Participants: Expedition to the North Pole

April 2007

① David Bloomfield
3 Hoitsma Ct.
Fair Lawn, NJ 07410
DTBL2000@hotmail.com
201-791-1555

Guide① Keith Heger
1130 Greenleaf Ave
Wilmette IL 60091
USA
847-256-4409
773-991-9852
Keith@nwpassage.com
Kjheger@hotmail.com

Lawrence Lahay
520 SW 12 Ct
Fort Lauderdale FL 33315
954-760-9704
unz34@hotmail.com
} DOUBLED

② JACOB TACKMANN THOMSEN
NY ØSTERGADE 20, 4th
DK-1101 COPENHAGEN
DENMARK
TACKMANN@GMAIL.COM

Guide② Ryan Allen
1130 Greenleaf Ave
Wilmette, IL 60091
U.S.A
001-541-653-7496
nayrkhire@yahoo.com

金飞豹
③ Jin Fei Bao
China Kunming
King@toptrip.cc
0086-13888928844

Die Namen der Expeditionsteilnehmer von links hinten: Ryan Allan (USA, 31 Jahre) Expeditionsleiter, Dirk Jensen (USA, 32 Jahre) Azubi Expeditionsleiter, Keith Heger (USA, 31 Jahre) Expeditionsleiter – und vorne von links: David Bloomfield (USA, 33 Jahre), Jacob Thomsen (Denmark, 36 Jahre), Norbert H. Kern (Dietzenbach, 66 Jahre), Jin Fei Bao (China, 40 Jahre).

Bild links: Eintragung der Expeditionsteilnehmer in das Tagebuch von Norbert H. Kern.

Nun zum Nordpol

15. April 2007

Die Anstrengungen, den Südpol zu erreichen, sind vergessen. Der 18. Januar 2007, das Datum an dem wir den geographischen Südpol nach einem sehr harten letzten Tag (13 Stunden Marsch, über 50 kg in meinem Schlitten, fast -40°C und starker Wind) sitzt fest in meiner Erinnerung – positiv und wahrscheinlich unvergesslich!

Meine Nachuntersuchungen gingen ganz gut aus. Schmerzen hin und wieder im linken Körperbereich (Wirbelsäule ?? Hüfte ?? Knie ??), sind beherrschbar – Voltaren wirkt Wunder.

Kurz nach Rückkehr von der Antarktis habe ich wieder trainiert – nicht ganz so hart wie im Dezember 2006 in der Schweiz für den Südpol, fühle mich aber trotzdem gut vorbereitet.

Bin gestern Abend (14. April 2007) gegen 22:30 h in Longyearbyen mit fast zwei Stunden Verspätung bei schönem Wetter gelandet – ca. -8°C, Sonne – leichte Winde.

* * *

Das Städtchen hat sich seit Heides und meiner Trekkingtour 1995 doch stark verändert – Longyearbyen ist um einiges gewachsen. Die Kohleminen werden noch immer betrieben. Hier soll ja die beste Kohle der Welt gefördert werden. Da überall Schnee liegt, sieht man natürlich die „abweisende" Kohlestaubschicht nicht. Das hat uns, Heide und mir, damals sehr missfallen. Wir mussten ja auf diesem Mix aus Kohlestaub und feuchter Erde in einem Zelt ohne Boden zwei Nächte schlafen!!

Trotz Heides Sturz damals in einem Gletscherbach, bei dem sie sich eine stark blutende Platzwunde am Kopf zuzog, war es eine herrliche

Woche! Es war der Test der damaligen Freundin (wahrscheinlich auch für Heide ein Test mit mir), der bekanntlich positiv endete.

Ein Jahr später wurde aus zwei Freunden ein bis heute glückliches Ehepaar. – Insofern also ein schönes Wiedersehen von Spitzbergen für mich, bei ganz anderen Wetterverhältnissen.

* * *

Seit sich die Menschen hier erinnern ist es dieses Jahr das erste Mal, dass das Wasser um die Insel herum schon im April keine Eisdecke mehr trägt. Der Treibhauseffekt wirkt sich leider überall aus. Der letzte UNO-Weltklimabericht hat unmissverständlich auf die großen Gefahren für die ganze Welt hingewiesen – auch amerikanische Wissenschaftler haben hieran mitgewirkt. Hoffentlich versteht die Welt das Warnsignal und geht nun verantwortungsvoller mit unserer schönen Erde um.

Während unseres gemeinsamen Frühstücks teilte uns unser Expeditionsleiter Keith mit, dass die Möglichkeit einer 2- bis 3-tägigen Verspätung besteht. Die Eis-Landepiste hat einen Längsriss, so dass die Antonov 74 dort nicht landen kann. Das ist nicht ganz ungewöhnlich in Borneo. Die russische Mannschaft sucht seit gestern nach einer

Longyearbyen

Frühstück mit Jin

Alternative. Es scheint doch auch physisch und mental schwieriger zu sein als der Marsch zum Südpol – konträr zu dem, was mir Richard Laronde aus seiner Erfahrung bei beiden Pol-Touren erzählte. Es beunruhigt mich nicht!

Die gesamte Expeditions-Crew habe ich heute kennengelernt. Jin traf ich gestern Abend schon auf dem Weg zu einem kleinen Abendessen (gute Pizza und ein Bier). Der tapfere Chinese ist unverändert freundlich! Leider hat sich sein Englisch nicht dramatisch verbessert!

Mit auf der Tour sind der Däne Jacob (36 Jahre), der New Yorker David (33 Jahre), Jin (40 Jahre), Keith (31 Jahre), Dirk (32 Jahre) und Ryan (31 Jahre). Die drei Letztgenannten arbeiten für North West Passage und führen uns!

Sollte es zu dem erwähnten späteren Abflug nach Borneo kommen, werden wir hier ein alternatives Kurzprogramm organisieren. Entweder eine Hundeschlitten-Tour – was ich bevorzuge – oder eine Tour mit Ski-Doos (motorisierter Schlitten). Hoffe, dass wir dieses Mal – nicht wie in Punta Arenas – jeden Tag alle 4 Stunden abrufbereit sein müssen. Dies bedeutet, immer in unmittelbarer Nähe zu sein, ohne größere Aktivitäten unternehmen zu können.

Wir treffen uns alle sieben um 13:00 Uhr im Aufenthaltsraum unseres „Gästehauses", in dem wir übernachten. Übrigens recht spartanisch: Dusche und Toilette auf dem Flur, kleine Zimmer ... Wir werden unsere „Team-Anoraks" erhalten. Ich mache dann ein gemeinsames Foto und teste damit unser „Iridium-System" für die von Richard Laronde einge- richtete Website unserer Nordpol-Expedition: www.kern.qv99.com

Hoffe, dass alles gut funktioniert. Jacob meint, dass auch er sich hier- mit gut auskennt!! Heute Abend wird dann unser Equipment 'unter- sucht', wir erhalten Detail-Informationen über unser gemeinsames Abenteuer und werden zu Abend essen.

Morgen (16. April 2007) dann Echt-Test mit Ski und Schlitten, Koch- geschirr etc. Hier kocht jedes Zelt für sich. Auf dem Weg zum Südpol haben wir gemeinsam gekocht und gegessen, wobei unser Führer David den größten Teil des Kochens übernahm. Daher konnten wir uns etwas mehr Zeit für das Einrichten im Zelt und für das Trocknen der Kleidung nehmen. Dies soll es für's erste mal sein – ich muss mich „rich- ten" für das 13:00-Uhr-Treffen. – Die Vorfreude ist trotz der geschilder- ten „Neuigkeiten" noch groß.

Echttest mit Schlitten und Skiern

... auch das Zelt wurde testweise aufgebaut

Ene beeindruckende Landschaft...

Dienstag, 17. April 2007

Gestern, wie erwähnt, war der Tag der letzten Kontrolle unserer Ausrüstung und des Tests. Mir wurde empfohlen, eine leichtere Balaclava zu kaufen. Ich bin der Empfehlung nachgegangen – die, die ich fand, ist auch nicht entscheidend leichter, hat aber ein neues System zum Einatmen. Ein besonderer Aufsatz vor dem Mund soll die kalte Luft etwas erwärmen. Habe es in meinem Zimmer probiert – weiß aber nicht, ob ich doch das alte „System" benutze – das Atmen ist schwerer mit der neuen. Im Echtbetrieb werde ich mich endgültig entscheiden.

Der Schnee, den wir am Sonntag hatten, klärte den Himmel. Gestern hatten wir herrlichen Sonnenschein, was uns schöne Bilder erlaubte, allerdings kühlte es auf ca. -12 bis -15°C ab. Bei dieser Temperatur liefen wir dann unseren ca. Zwei-Stunden-Test mit Schlitten, die allerdings noch nicht voll beladen waren. Unsere Guides suchten Gebiete aus, die den Verhältnissen entsprechen, die wir auf dem arktischen Eis auf dem Weg zum Nordpol vorfinden werden.

Ich bezweifle nun doch, ob das Skilaufen leichter sein wird. Offene Stellen im Eis – Eisplatten-Verschiebungen werden härter zu überwinden sein als die Sastruggis auf dem Antarktis-Plateau. Der Schlitten hat uns ständig von hinten überholt. Mich brachte dies zu meinem ersten Sturz. Der Schlitten überfuhr meine Skier – und anstatt stehen zu bleiben, versuchte ich weiter zu laufen. Prompt verhedderte ich mich und fiel um. Das Aufstehen bedeutet für mich wegen meiner neuen Hüfte doch große Anstrengung. Die Technik muss ich üben!

Wie zu erwarten war Jin ständig mit einem ziemlich großen Abstand hinter uns. Das war auch auf unserem Weg zum Südpol oft so. David, aus New York, gesellte sich zu ihm. Ihn kann ich, was die Stärke angeht,

Auf dem Weg zu einem kleinen Restaurant

noch nicht ganz einschätzen. Jacob aus Dänemark allerdings scheint gut trainiert zu sein – man merkt die 33 Jahre Altersunterschied!

Abends waren wir zu einem ganz besonderen Abendessen eingeladen, weit ab von dem Dörfchen Longyearbyen – wir fuhren ca. 30 Minuten und mussten dann bei zwischenzeitlich -15°C noch 10 Minuten laufen. Es lohnte sich! Eine alte Hütte war zu einem kleinen Restaurant umfunktioniert. Ein offener Kamin spendete wohltuende Wärme – Kerzen waren im ganzen relativ kleinen Raum verteilt, die wenigen Fenster waren verhängt. Vom Licht kommend eine kleine Überraschung. Die Augen mussten sich anpassen, dann erkannte man unseren schon gedeckten Tisch: eine Platte mit wunderbarem Lachs auf selbst gebackenem Brot, Rotwein (Rioja aus Spanien), Bier, Cola, Wasser. Es war an alles gedacht. Dänischer Aquavit erfreute nicht nur unser Teammitglied Jacob!!

Urgemütlich... ein wunderschöner Abend

Neil, der die Hundeschlitten-Tour machen wird, sorgte für die notwendige gute Stimmung. Als Heide mich anrief, ging es schon ziemlich laut zu. Zwischen den Gängen (Gemüse, leicht angekocht, gebratene, halbierte Kartoffel mit herrlichen Kräutern, Rentierfleisch mit Champignon-Sauce und Preiselbeeren, eine wunderbare Schokoladentorte mit Vanilleeis) wurden die üblichen Witze zum Besten gegeben. Auch ich wurde mal wieder meine Standard-Jokes los! Übrigens: Jin wollte nicht mitkommen und lieber schlafen. Mir gelang es dann doch, ihn zu überreden. Er hat es nicht bereut. Ein schöner Ausklang unseres gemeinsamen zweiten Tages bei herrlichem Sonnenuntergang hinter den Bergen. Die Sonne geht zwar „unter", aber es bleibt taghell.

Mittwoch, 18. April 2007

Wir konnten also am 17. April doch nicht starten. Es gab noch keine akzeptable Alternative, nachdem die bestehende Eis-Landebahn längs auseinanderbrach und das Eis auseinander driftete.

Es soll dann so weiter geflogen werden: zuerst die, die vom Nordpol zurückkamen, dann die nach Borneo, die schon vor uns fliegen sollten. Gestern wurden die in Borneo verbliebenen Schlittenhunde mit Futter versorgt (nicht mit der Antonov, die ja mit Rädern nicht landen konnte, sondern mit einer kleinen „Twin Otter", die uns auch seinerzeit von Patriot Hills zum 89° Süd flog). Diese Twin Otter hat Kufen und benötigt nur eine kurze Landebahn.

Jetzt muss ich zum Frühstück (8:00 Uhr). Um 9:00 Uhr wird unsere Nahrung für die Tour aufgeteilt und in die Schlitten gepackt. Wenn alles gut geht, besteht noch die Chance, dass wir heute Abend nach Borneo geflogen werden.

Spitzbergen

Donnerstag, 19. April 2007

10:00 Uhr: Wenn überhaupt, dann Start gegen Mitternacht, wenn alles erledigt ist und das Wetter (Wind + Sicht) es erlaubt.

Wegen der Ungewissheit habe ich die für heute morgen vorgesehene Tour mit einem Snow-Mobile abgesagt. Ich werde meine Kleidung diesmal in aller Ruhe so richten, dass ich genau weiß, wo was ist. Die Möglichkeit, dass wir – oder einer von uns – durch dünnes Eis einbrechen, scheint doch größer zu sein als ich dachte. In diesem Fall müssen trockene Wäsche, innere Skischuhe, Ersatzhandschuhe sofort greifbar sein. Auf der Tour zum Südpol habe ich oft alle meine Säcke öffnen müssen, um das zu finden, was ich gerade brauchte. Entsprechend sah es in dem gemeinsamen Zelt mit Alexandr, meinem russischen Expeditionskollegen, auch aus. Na ja, dort konnten wir natürlich bei 3000 m dickem Eis nicht ins Wasser „gehen". Und da meine geliebte Heide, die auf Reisen für diesen Teil der Organisation immer hervorragend sorgt, nicht mit zu den Polen wollte, bin ich entsprechend chaotisch organisiert. Heide, es wird aber von Reise zu Reise ohne Dich besser!

Gestern, am 18. April, haben uns unsere Führer nochmals tüchtig getestet! 22 km auf Skiern, bergauf – bergab, bei ca. -15 bis -18°C. Wenn die Sonne schien, wurde es warm und ich schwitzte. Wenn sie sich hinter den Bergen versteckte, wurde es kalt. Ich habe meine Kleidung nicht ständig angepasst – andere taten es. Da die Pausen nur kurz waren, heizte sich der Körper beim anstrengenden, schnellen Skimarsch schnell wieder auf.

Mein Freund Jin war nicht dabei, er wollte sich von den 2 1/2 Stunden tags zuvor mit Schlitten erholen. Mir/Uns fiel ja da schon auf, dass er wie beim Marsch zum Südpol nachhing. Die Tour gestern, die extrem schnell über ordentliche Hügel führte, blieb ihm erspart. Ich vermute, dass er nicht ganz hätte mithalten können und erwähnte auch den beiden Guides, Ryan und Dirk, gegenüber, dass Jin mit dieser Speed höchstwahrscheinlich Probleme haben wird. Sie antworteten, was ich natürlich hören wollte: Die Geschwindigkeit gibt der schwächste Teilnehmer vor. Persönlich hielt ich wieder zum eigenen Erstaunen gut mit. Die jungen Kollegen waren – natürlich von mir mit gewisser Genugtuung registriert – sehr überrascht von meiner „Stärke". Ich sei ein „animal" (Tier) – hoffentlich im Guten gemeint! Natürlich war ich wie alle anderen froh, wieder am Ausgangspunkt zu sein – schwitzend am Körper, mit kalten Fingern, die ich während der letzten 15 Minuten bei -18°C und eisigem Wind (im Schatten) bekam. Ich hatte nur die normalen Handschuhe für diesen „Test" mit und nicht meine schweren „Mitts"! Keine Frostbeulen!!

Trotz der doch großen Anstrengung, die mich immer an meine Vorbereitung für die Südpol-Expedition mit Rudolf Pollinger in Zermatt bei Aufstieg von ca. 3.200 m auf größere Höhen erinnerte, genoss ich eine traumhafte Landschaft, für die es doch noch immer einen Augenblick des Innehaltens gab.

Unser Gästehaus in Spitzbergen

Eines ist allen klar – auch den Guides: Diese Geschwindigkeit – mit Jin, den offenen Stellen, die nicht ungefährlich sind, den Eisplatten, die sich auftürmen und die zu überwinden sind, mit Skiern an den Füßen oder auch ohne und mit den Händen den Schlitten nachziehend – werden wir nicht konstant halten können. Na, schau'n wir mal!! – Meine Motivation ist noch nicht gestorben!

Seit heute morgen funktioniert auch das System Iridium mit dem Computer. Die ersten Bilder der Vorbereitungen auf unser Vorhaben Nordpol sind auf der Website angekommen. Dank an Keith, Richard und natürlich an meine Heidi!! Die Familie und Freunde können nun (hoffentlich) jeden Tag unsere Annäherung an den Nordpol ebenso genießen wie ich das tue! Vorausgesetzt die Batterien halten und wir haben genügend Sonne, um die Solarzellen zu speisen und die Batterien nachzuladen.

* * * * *

Ich konnte gestern mit meinen Liebsten telefonieren, mit Heide, die das Büro aufrecht erhält und bei der ich mir Motivation hole, sowie mit Kirsten und Thorsten.

Kirsten erscheint mir von Monat zu Monat glücklicher, seit sie mit Dirk zusammen ist. Schön, dass auch Dirk und seine beiden Söhne während der Osterferien unsere zweite Heimat, das geliebte Bergdörfchen Embd mit unserem 1985 – nach der ersten Operation Matzels – gebauten Haus so positiv aufgenommen haben. Mal sehen, ob und wann Dirk und Kirsten in Kirstens Wohnung in Offenbach zusammenziehen?! Die Situation – Kirsten mit Dirk plus seinen beiden Kindern – ist nicht das, was Matzel und ich uns als Ideal für unsere Kirsten mal erträumten – aber das habe nicht ich zu entscheiden. Ich kann Kirsten nur wünschen, dass sie glücklich ist und es auch bleibt.

Thorsten rief mich nach Rückkehr von einer dreitägigen Geschäftsreise nach Italien an. Er hatte – als der verantwortliche Mann bei JAS für

Europa, einschließlich Osteuropa und einigen Ländern im Nahen/ Mittleren Osten – an einem weltweiten Meeting teilgenommen. Thorsten hat hier für sein Alter eine große Verantwortung übernommen. Angerufen hat er mich aus seinem neuen Haus in Urberach. Es ist nun nach einigen hektischen Monaten für ihn – und auch für uns – alles gerichtet, eingerichtet und finanziell geordnet. Nun hoffen Heide und ich, dass auch Thorsten wieder glücklich wird. Ich habe das Gefühl, dass er sich bedeutend besser fühlt, vor allem mental. Vielleicht passiert ja, was auch mein Bruder Fritz und seine Frau Kaja fertig brachten: sich zweimal zu heiraten! Man merkte nach einem Jahr, dass man alleine nicht zurecht kommt. Unterschied bei Fritz allerdings war, dass man nach der Trennung keinerlei Kontakte mehr hatte, bis eines der beiden Kinder von Kaja vermittelte, auf beiderseitigen Wunsch. Und sie blieben dann bis zu Fritz' Tod verheiratet.

Thorsten zieht es regelmäßig zu seinen Kindern und dadurch gibt es natürlich auch ständigen Kontakt zu Heike! „Getrennt" im Sinne des sich „Nicht-mehr-sehen" (beziehungsweise keine persönlichen Kontakte zu Heike) sind sie nach meinen strengen Regeln also nicht. Und das lässt vielleicht doch hoffen ...

Donnerstag, 19. April 2007

Ja, mit dem Datum bin ich durcheinander gekommen. Es soll nun erst Donnerstag, der 19.4.2007 sein. Ich werde in diesem Tagebuch nichts ändern, was die Verwechslung der Tage angeht.

Gerade komme ich vom Frühstück. Es ist kurz nach 9:00 Uhr.

Um 10:00 Uhr sollen wir nun endgültig erfahren, wann wir nach Borneo fliegen. Entweder um Mitternacht, oder aber erst am 20. April morgens gegen 6:00 Uhr!

Ganz kurz zu dem Namen „BORNEO" für das Zwischenlager auf dem arktischen Eis bei ca. 89° Nördlicher Breite und ca. 80' 130° Ost: Der erste Radiosender, der von der jährlich neu auf- und abgebauten Station sendet, nannte den Erkennungsruf „BORNEO". Das war 1993. Man nannte dann diesen „Platz", wo immer er auch errichtet wurde, BOR-NEO.

Um eventuelle Konflikte mit Indonesien zu vermeiden, wird der Ort auf dem driftenden Eis jetzt „BARNEO" genannt. Der Platz, auf dem die

Start- und Landebahn – wie gesagt in der Nähe des 89° Nördlicher Breite – und das Camp für die Monate März und April errichtet werden, wird in jedem Jahr neu gesucht. Es geschieht mit zwei Hubschraubern (MI-8). Bedingung: für die Landebahn eine Eisplatte, die mindestens ein Jahr alt und 1,2 bis 1,5 m dick ist, für das Camp wird eine Eisfläche, die mindestens zwei Jahre alt und 2 m dick ist, benötigt.

Barneo wird nicht nur als Startpunkt für Expeditionen zum Nordpol genutzt, sei es per Ski oder mit Schlittenhunden, sondern auch für umfangreiche wissenschaftliche Untersuchungen durch mehrere Nationen. Ich unterhielt mich übrigens gestern mit einem finnischen Wissenschaftler, der bereits seit 13. April auf seinen Flug nach Barneo wartet. Von dort aus marschiert auch er mit drei weiteren Kollegen gen Nordpol – nicht aber bis zum geografischen Nordpol wie wir! Sie untersuchen Eis, Wasser, Himmel auf alle möglichen Veränderungen, erwarten neue Erkenntnisse etc. Die beiden Pole – und hier sind sich alle Wissenschaftler, ganz gleich welcher Nation, einig – sind für unseren Planeten von größter Bedeutung für das Klima und im weitesten Sinn für die Bedingungen allen Lebens auf unserer herrlichen Erde. Und sie sind sich auch einig, dass wir Menschen nun endlich entscheidend umdenken müssen. Die CO_2-Werte, die wir in den Himmel und zu den Polen jagen, müssen reduziert werden. Die Erderwärmung hat bereits stattgefunden, und zwar in einem völlig unterschätzten Ausmaß! Das Jahr der Pole 2007/2008 soll hieran erinnern. Die Wissenschaft hat in ihrem kürzlich veröffentlichten Bericht auf die eventuell auf uns zukommenden gravierenden Veränderungen unmissverständlich hingewiesen.

Die Politiker in der ganzen Welt sind aufgefordert, umgehend in ihren Ländern – möglichst weltumspannend – vernünftiger mit diesem Thema umzugehen. Ich habe auf meinem Weg zum Südpol einiges persönlich gesehen: Das Zurückgehen der Gletscher in der Antarktis – Folgen des sorglosen Umgehens der Menschen? – oder etwas ganz Natürliches?

Bereits in Spitzbergen wurde ich auf sichtbare Klimaveränderungen hingewiesen. Das Eis der Arktis nähme sichtbar ab. Mal sehen, wie wir das auf dem Marsch zu diesem „geografischen Punkt 90° Nord" empfinden werden.

Das 11:00 Uhr-Gespräch fand nun statt. Noch eine geringe Chance für den Abflug heute Nacht. Ansonsten nächste Möglichkeit morgen früh 6:00 Uhr.

* * * * *

Es bleibt natürlich in der Wartestellung Zeit für interessante Diskussionen. Jeff und Neil, zwei Amerikaner, die mit dem Hundeschlitten dem Pol so nahe wie möglich kommen wollen, eröffneten ein Gespräch über Washington, also Bush's gegenwärtige Politik – bezogen auf den Irak, Afghanistan und Iran. Teilweise beteiligten sich auch unsere Expeditionsleiter. Erstaunlich, dass keiner mehr Bush's Politik unterstützt. Jeff und Neil waren seinerzeit auch gegen den Angriff auf Irak. Afghanistan betreffend hätte man die Russen dort nicht ablösen sollen. Und erwartet wird, dass die amerikanische Administration den Iran nicht angreift. Ich habe da eine andere Befürchtung. Wir lagen in vielen Punkten auf einer Wellenlänge. Interessiert war man auch an der gegenwärtigen deutschen Politik; ich wurde nach meiner Meinung zur großen Koalition gefragt und nach den Gründen, warum Gerhard Schröder seine Wiederwahl verlor. Zur großen Koalition erklärte ich, dass durchaus die Möglichkeit von Neuwahlen vor Ablauf der regulären Legislaturperiode besteht. Auch eine geringe zwar, dass die SPD mit der grünen Partei und/oder der FDP die dann folgende Regierung stellen kann.

Zum Thema Kanzler Schröder – Nicht-Wiederwahl: Ich meine nach wie vor, dass eine gewisse Zerrissenheit der Parteiflügel und konstante Angriffe aus der eigenen Partei auf den Kanzler nicht nur die Wähler (zu viele), sondern auch den Kanzler enttäuschten, möglicherweise ausgehend von der Agenda 2010, die Gerhard Schröder durchsetzte.

Es wurden viele weitere Themen im bekannten Rahmen bei solchen Gelegenheiten angesprochen. Auf einem guten Niveau und in fairer Weise. Ich habe versucht, nicht zu dominieren. Wir alle haben (und werden es auch während der nächsten Tage) bedauert, dass sich unser chinesischer Freund Jin Fei Bao bei solchen Diskussionen nicht beteiligen kann. Er versprach, nun doch Englisch zu lernen! Natürlich hätten wir auch gerne seine Meinung zu dem einen oder anderen Thema gehört.

Noch immer Donnerstag, 19. April 2007 – 14:00 Uhr: noch keine neue Nachricht.

Allerdings konnte ich gerade die Website von Thomas Ulrich lesen. Das ist der Thomas, mit dem ich eigentlich zum Nordpol wollte. Er startete bereits am 14. April 2007 in Barneo mit seiner Gruppe. Am fünften Tag musste er abbrechen und den Helikopter anfordern. Einige seiner Leute hatten Erfrierungen, es herrschte seit drei Tagen starker Wind bei -30°C. Außerdem wurden die Verpflegungsvorräte knapp.

Die Gruppe kam dem Pol bereits auf 17 km nahe. Während der Nacht drifteten sie wieder bis auf 27 km ab. Am fünften Tag gingen sie 3 km und drifteten 2 km ab. Da die Wettervorhersage keine entscheidende Besserung versprach, mussten sie abbrechen.

Der Helikopter flog sie dann noch zum Nordpol, die Gruppe konnte aussteigen und Fotos machen. Dann ging es zurück nach Barneo. Sie waren am Nordpol – aber nicht per Ski! Das gleiche widerfuhr einer englischen Gruppe!

Es scheint wirklich nicht leichter als der Südpol zu werden! Und ab und zu „kribbelt" es in der Magengegend.

* * * * *

Da ist dieses Kribbeln..

Dieses Kribbeln, das ich als Kind vor einer Prüfung oder Arbeit hatte. Später dann bei irgend welchen Prüfungen, die ich in meiner beruflichen Laufbahn ertragen musste. Das gleiche Kribbeln, das ich hin und wieder vor wichtigen Handballspielen hatte – und das Kribbeln zweimal vor der standesamtlichen Trauung mit meinen Frauen Matzel und Heide.

Alles Dinge, bei denen man nicht weiß, wie sie ausgehen.

* * * * *

Ich hoffe nur, dass uns nicht das widerfährt, was Thomas Ulrich und seiner Gruppe passierte. Ich hoffe weiterhin, dass wir alle gesund bleiben und nicht dadurch zum Abbruch gezwungen sind. Natürlich kommt dann der Gedanke beziehungsweise die Frage wieder auf, warum man solche Anstrengungen auf sich nimmt – und diese unter Berücksichtigung des Alters. Denn auch die Gruppe, mit der ich nun aus eigener Kraft den Nordpol erreichen möchte, ist durchweg mehr als 30 Jahre jünger als ich!

Diese Frage stellten mir alle vier Reporter, die über meine Expedition zum Südpol im Fernsehen (RTL, HR3, SAT1und HR3 zum zweiten Mal) berichteten – ebenso die Radiosender, die mich als den ältesten Menschen, der bis dato den Südpol per Ski und Schlitten erreichte, interviewten.

Wenn ich dann Gespräche mit meinem Vater (1895 geboren) erwähnte, der das „Wettrennen" zwischen Amundsen und Scott 1911 als 16-jähriger miterlebte und dabei die Begeisterung in mir für diese Abenteuer weckte, dann ist das eigentlich nur eine Seite der Wahrheit. Es kam der Wunsch auf, selbst auf gleiche Art und Weise diese lebensunfreundlichsten Gebiete dieser Welt zu erreichen und mit eigenen Augen zu sehen.

Als ich mit Heide 1995 im Sommer während der Hurtigen-Tour auch eine Woche Trekking auf Spitzbergen machte, war der Jugendtraum wieder da. Von hier starteten viele Expeditionen zum Nordpol. Es sind ja nur noch 1338 km Luftlinie von Spitzbergen zum geografischen Nordpol. Unser Besuch im Museum der Arktis- und Antarktis-Eroberer in Tromsö weckte erneut Erinnerung und den Wunsch es zu tun.

Und dann kommt – um ehrlich zu sein – natürlich dazu, Dinge zu tun, Reisen zu Plätzen zu unternehmen mit anderen Transportmitteln als viele andere Menschen.

* * * * *

Da fällt mir meine Fahrradtour 1958 mit Jan, Horst und Bernd nach Sizilien ein, eine Fahrt mit meinem Austin Healey Sprite 1961 von Frankfurt über Österreich, durch Titos Jugoslawien, durch Griechenland bis Piräus, Besuch von Rhodos, zurück über Ungarn, Österreich. Reisen nach Alaska mit Thorsten, Motorhome als Hotel nutzend, bis zur Spitze der Kenai-Halbinsel. Zurück über Fairbanks, Klondike, Whitehorse. Besuch der Glacier-Bucht und dem Goldrauschplatz Kotzebue. Zweite Reise dann mit Matzel, Kirsten, Thorsten sowie der Familie Gebara (Helga, Nawaf, Esther und Karim) nach Pribilow-Island (in der Aleuten-Gruppe). Autoreise nach Gibraltar über Frankreich. Gemeinsame Reise mit Heide, Kirsten und Stefan nach Australien – ca. 6000 km in 5 Wochen per Motorhome und Jeep, um zumindest einen Teil dieses wunderschönen Kontinents zu sehen.

Aber noch immer fehlten die beiden Pole, noch immer stand die Erfüllung dieses Jugendtraumes aus!

* * * * *

Zurück in Gedanken zu Spitzbergen und meinem direkt vor mir liegenden Ziel. Es wird wohl die härteste Tour meines Lebens werden, wie erwähnt – möglicherweise körperlich und mental die letzten Reserven fordernd. Heide fragte mich heute am Telefon, nachdem ich ihr sagte,

Ski-Doos auf Spitzbergen

dass Thomas Ulrich den Nordpol mit seiner Expedition wegen der widrigen Umstände mit Ski und Schlitten am Körper nicht erreichte, ob sich dadurch meine Einstellung änderte. Die Antwort war nein. Mir wird aber immer klarer, dass ich mich noch mehr vorsehen muss, was Erfrierungen angeht. Ich werde mit den anderen Expeditionsteilnehmern konzentriert auf schwache Eisstellen achten müssen, um „Eintauchen" ins eiskalte Arktiswasser zu vermeiden. Und ich werde wohl meinem Körper größere Anstrengungen zumuten müssen, um über das Eis und sich auftürmende Eisplatten-Verschiebungen mit Ski und Schlitten zu gelangen. Ja, von Stunde zu Stunde, die wir näher zum 89° Nördlicher Breite und zum Start des Abenteuers kommen, baut sich mehr Spannung auf. Bedeutend mehr nun, nachdem es einige Expeditionen tatsächlich nicht schafften.

* * * * *

Ich habe mir beim Schreiben eben die Frage gestellt, ob ich eine vergleichbare Spannung schon einmal im Kopf und sogar im Körper gespürt habe? Mir fällt eigentlich nur meine Wahl 1991 zum Vorstandschef der DB Cargo, wie das dann später hieß, ein. Eine nicht ganz vergleichbare Spannung, aber ebenso stark. Damals hieß das Gremium, das mich zu wählen hatte, Verwaltungsrat und nicht Aufsichtsrat. Mitglieder (insgesamt 18) waren unter anderen Herr Stoiber, Ministerpräsident Bayern, Herr Saßmannshausen, Vorstandsvorsitzender Preussag. Vorsitzender war Klaus Daubertshäuser als verkehrspolitischer Sprecher der SPD (später dann Vorstandsmitglied der DB AG, mit dem Heide und ich uns später anfreundeten – natürlich auch mit seiner Frau Gabi). Weitere Mitglieder des Verwaltungsrates waren Vorstände von deutschen Industrieunternehmen, Banken, Wissenschaftler und natürlich der Gewerkschaften. So wie sich dann die Spannung nach der einstimmigen Wahl zu diesem ehrenvollen, fordernden Posten legte, wird wohl mein Empfinden sein, wenn der Nordpol erreicht ist. – Ich freue mich auf dieses Gefühl!

Über meine Tätigkeit als Vorstand der Deutschen Bahn könnte man viele Seiten füllen. Die Zeit werde ich auf dieser Expedition nicht haben. Aber einige Gedanken oder Erinnerungen an dieser Stelle:

Ich glaube, wenn mich die Anfrage des Headhunters von Heinz Dürr nicht so kurz nach dem Tod meiner geliebten Matzel erreicht hätte, hätte es die knapp vier Jahre dauernde Episode – oder besser: Erfahrung – bei diesem unglaublich aufregenden großen deutschen Unternehmen nicht gegeben. Nach Matzels Tod am 30. August 1990, fünf Tage nach Kirstens 20. Geburtstag, fiel ich in ein endlos tiefes Loch. Matzels letzte Lebenswochen waren für mich und auch für Kirsten und Thorsten äußerst leidvoll. Anzusehen, mit welcher Kraft dieser geschundene Körper sich dem bevorstehenden Tod widersetzte, keine Chance, den Krebs zu bekämpfen, mit welcher geistigen Anstrengung sie sich nicht anmerken ließ, wie sie selbst ihre Situation einschätzte, war bewundernswert und gleichzeitig stark deprimierend. Ich ahnte ja, dass alle Mühen umsonst sein werden.

Sie wollte unbedingt den 20. Geburtstag ihrer Kirsten erleben! Ich spürte nach Kirstens Geburtstag ein rapides Abfallen ihrer Willenskraft. Die für zwei Tage nach dem Geburtstag geplante Chemobehandlung direkt in die stark mit Krebs befallene Leber bat sie mich zu verschieben. Zum ersten Mal sprach sie von Schwäche und Angst, diese furchtbaren Spritzen durch ihren schwachen Körper in die Leber nicht zu überstehen. Sie wolle erst einmal nach zahllosen Behandlungen etwas Kraft sammeln. – Drei Tage danach hat sie uns für immer verlassen, ohne mir in all den Jahren auch nur die geringste Gelegenheit zu geben, über ihre schwere Krankheit mit ihr zu sprechen. Wiederholte Versuche meinerseits lehnte sie strikt ab mit der Erklärung, dass sie wieder gesund wird und nicht mit mir oder unseren Kindern über dieses traurige Thema sprechen möchte. Den Kindern und mir blieb nur, ihre letzte Nacht im Krankenhaus gemeinsam zu verbringen und sie bei ihren letzten Atemzügen liebevoll zu berühren. – Eine wunderschöne Zeit mit einem wunderbaren Partner war zu Ende. Für immer! Gedanken an Matzel schmerzten einige Jahre!

Und hier kam das tiefe Loch, die Frage nach dem Sinn des Weiterlebens ohne Matzel. Meine Kinder halfen mir sehr in dieser Situation, obwohl vor allem Kirsten die gleiche Hilfe, das alles zu begreifen und zu verarbeiten, benötigte. Viele gemeinsame Nächte in meinem Schlafzimmer, mit endlosen Gesprächen zwischen Kirsten und mir halfen; aber der Schmerz in unseren Herzen verging lange nicht.

Und, wie erwähnt, hier kam die Anfrage, das Angebot der Deutschen Bahn. Natürlich besprach ich das mit meinen Kindern (wie einige Jahre danach die geplante Partnerschaft mit Heide, die zu einer so wunderschönen zweiten Ehe führte). Beide Kinder, die meine Trauer und meine Gedanken, mein Leben zu beenden, kannten, rieten mir dazu, mich der Heraussforderung zu stellen. Sie ahnten natürlich, dass bei meiner Einstellung zu einer übernommenen neuen Aufgabe nur wenig Zeit zum Nachdenken über meine Situation bleiben wird.

Und so kam es dann ja auch. Zurückblickend hat mich diese Entscheidung davor bewahrt, mein Leben zu beenden, und mir bis heute bereits 16 weitere schöne Lebensjahre beschert.

Meine Zeit bei der Bahn war fordernd. Völlig neue Dinge kamen auf mich zu. Als Vorstand eines so großen europäischen Unternehmens, als Eigentümer den deutschen Staat, musste ich nicht nur mit den enormen Problemen eines überwiegend von Beamten geführten, hoch defizitären Unternehmens befassen, sondern auch mit den Wünschen und Forderungen der Politiker, die „uns" ja besaßen und wenn möglich auch führen wollten. – Wenn ich nun bei den jährlichen Weihnachtsessen mit Alt- und Neuvorständen ins Gespräch komme, hat sich offensichtlich noch nicht genug verändert. Herr Mehdorn und seine Kolleginnen und Kollegen müssen sich so mancher Forderung, die nichts mit dem Führen eines der größten europäischen Unternehmen mit AG-Status zu tun hat, widersetzen. Mit gewissem Abstand befasse ich mich natürlich damit noch immer. Mit größtem Respekt für Herrn Mehdorn und dem enormen Einsatz für SEIN Unternehmen Deutsche Bahn kann man ihm nur sämtliche Daumen drücken, dass er den Wechsel der DB zu einem der erfolgreichen, weltweit tätigen Unternehmen mit der Unterstützung des Eigentümers weiter fortsetzen kann.

Meine Vorstandstätigkeit bei der DB unterschied sich in vielem von meiner kurzen Zeit als Vorstand in der Kühne + Nagel-Zentrale (Schweiz), als Geschäftsführer der Firmen Hellmann und Haniel und natürlich als Inhaber meines eigenen Unternehmens, der NORBERT H. KERN Internationale Spedition.

Der bedeutendste Unterschied war natürlich die Größe des Unternehmens. In meinem Bereich Güterverkehr, vor allem dann bei und nach der Zusammenführung der Deutschen Reichsbahn und der Deutschen Bundesbahn zur Deutschen Bahn, fühlte ich Verantwortung für weit über 100.000 Mitarbeiterinnen und Mitarbeiter. Die Entlassung mehrerer tausend Kolleginnen und Kollegen der Deutschen Reichsbahn empfand ich als meine grausamste „Tat" in meiner beruflichen Tätigkeit. Ich kann mich noch wie gestern an eine Betriebsversammlung mit den Vertretern der ehemaligen Reichsbahn in der Berliner Ruschestraße, ehemalige Zentrale der STASI, erinnern, in der ich ihnen als Vorstandchef des Güterverkehrs mitteilen musste, dass ca. 60.000 Kolleginnen und Kollegen ihren Arbeitsplatz verlieren. Die Abfindungen für teilweise über 20 bis 25 Jahre Betriebszugehörigkeit entsprachen nur zu einem geringen Prozentsatz dem Ausgleich, den ein in der Bundesrepublik freigesetzter Betriebsangehöriger erhielt. Das Argument, das mir damals aus der Regierung Helmut Kohls mit in die Versammlung gegeben wurde, waren „leere Kassen". – Ja, es gab enorme Aufwendungen für die Wiedervereinigung beider deutscher Staaten.

Es gab Verschwendung im Umgang mit Firmen und vielem mehr – Milliardenbeträge, wie einige Jahre später zu hören war. Für die vielen Menschen der Deutschen Reichsbahn, die an ihren Plätzen ihre Arbeit taten und in vielen Fällen ihren Arbeitsplatz für immer verloren, reichte es nur zu einem Trinkgeld! – Ich hatte während meines Vortrages Tränen in den Augen. Viele der Menschen, zu denen ich sprechen und die traurige Botschaft übermitteln musste, wussten woher ich kam und teil-

Interview im Zug mit dem Ministerpräsident Schröder

Kurz vor Kanzler Schröders Rede in der Frankfurter Alten Oper, 10 Tage vor seiner Wiederwahl, erteilte er eine klare Absage deutscher Beteiligung am Irak-Krieg.

weise auch, dass mein Vater während der Nazi-Zeit als Arbeitsloser viele Jahre eine Familie mit neun Kindern durchbringen musste.

Es gab aber auch motivierende Ereignisse, Entscheidungen, die den rapiden Absturz des Verkehrsanteils der Schiene aufhalten sollten – was ja dann eintrat. Erlebnisse mit vielen bekannten Politikern – ob Herr Stoiber, Herr Eichel, Herr Lafontaine, Verkehrsminister zu meiner Zeit: Prof. Krause und Herr Wissmann, die wenigen Zusammentreffen mit dem damaligen Ministerpräsidenten und späteren Bundeskanzler Gerhard Schröder. Eine Fahrt mit ihm in der Bahn, auch mit im Führerstand und anschließendem Essen. Das Angebot Gerhard Schröders zum DU als „Parteigenosse" tat meinem Ego schon gut!

Vor seiner Wiederwahl als Kanzler bei einer Veranstaltung mit den Führungsmännern der deutschen Wirtschaft in der Frankfurter Alten Oper gab es ein schönes Wiedersehen mit ihm im Beisein von Dr. Bender, Vorstandsvorsitzender der Flughafen Frankfurt AG, Herrn Welteke, damals Präsident der Deutschen Bundesbank, und vielen anderen. Gerhard Schröder hielt hier die Rede, in der er klarmachte,

dass ein Angriff der westlichen Welt auf den Irak ein großer Fehler sei und Deutschland sich im Falle seiner Wiederwahl an diesem unsinnigen Krieg nicht beteiligen wird. – Er sprach mir aus dem Herzen! – Er wurde wiedergewählt, und Deutschland stellte keine Soldaten für den Einsatz im Irak. Viele seiner Gegner behaupteten nach der erfolgten Wiederwahl, er hätte diese auf Kosten der guten Zusammenarbeit zwischen USA und Deutschland gewonnen. Und viele Politiker machten Schröder enorme Vorwürfe wegen der klaren Absage zu diesem ja dann begonnenen Krieg. Auch viele meiner Diskussionsfreunde im Kreise meines Tennisclubs hielten diese klare Stellung gegen den Krieg (nicht gegenüber den Menschen in den USA) für falsch. Wie schnell mussten diese Leute einsehen, dass nicht sie, sondern die Gegner mit ihrer eindeutigen Meinung dagegen wohl Recht hatten. Täglich kommen noch heute bis zu hundert Menschen, teilweise noch mehr, ums Leben. Kinder, Frauen, alte Männer, junge unschuldige Soldaten. Und kein Ende ist abzusehen. Das war alles vorhersehbar, wenn man sich mit dem Irak, seinen verschiedenen Volksstämmen, divergierenden Islamisten, Kurden und der Feindschaft gegenüber vielen westlichen Ländern, vor allem gegenüber den Besatzungsmächten, auseinander setzte. Ob es so ausgeht, wie seinerzeit in Vietnam??

Und dieser Präsident schürt schon wieder das Feuer gegen den Iran und hat keinerlei Strategie, wie das Afghanistan-Problem zu lösen ist. Er macht sich auch keine großen Gedanken darüber, wie es zur Erstarkung der Alkaida und des Terrorismus in armen, teilweise politisch und wirtschaftlich unterdrückten Ländern kommen konnte. Hat das nicht vielleicht doch etwas mit der ungerechten Verteilung des „Wohlstandes" auf dieser Welt zu tun?? Und warum wird von Herrn Bush und anderen viel zu wenig an den Wurzeln der Probleme dieser Welt angesetzt?? Hat dies eventuell etwas mit dem „unsympathischen" Kapitalismus zu tun? Mit dem System des FREIEN MARKTES ?? Wäre die SOZIALE MARKTWIRTSCHAFT global nicht doch eine Alternative?? Und ich meine hiermit nicht den Kommunismus, wie er in der Vergangenheit praktiziert wurde. Wie konnte sich unsere Regierung nur dazu entscheiden, sich militärisch in Afghanistan zu engagieren??

Die EU hat von Anfang an unterentwickelte Gebiete innerhalb der Europäischen Union wirtschaftlich aus gemeinsamen „Beiträgen" unterstützt. Dies hat, wie gesehen, in vielen Gebieten und Ländern Europas zu wirtschaftlicher Anpassung zum Wohle Aller beigetragen. Sollten sich die wohlhabenden Länder, einschließlich der Europäischen Gemeinschaft, auch für eine Zukunftslösung ähnlicher Art für alle Menschen dieser Welt einsetzen? Sollte man gar nicht erst zerstören, um dann Milliarden in den jeweiligen Wiederaufbau stecken, sondern stattdessen die Milliarden, die – wie im Irak, seinerzeit in Vietnam, im Libanon etc. - in die Zerstörung ganzer Städte und Infrastrukturen investiert waren, in den wirtschaftlichen Ausbau der unterprivilegierten Länder stecken??

Oder hat das System – Reichtum, Macht, Militär, Unterdrückung – eine unabänderliche Automatik? Idealvorstellungen wie solche, grundsätzlichen Veränderungen ernsthaft gemeinsam anzugehen; Vorstellung der Weigerung der Menschen auf der ganzen Welt, Waffen in die Hand zu nehmen und globale Umweltprobleme gemeinsam, wieder weltweit, mit freiwerdenden Mitteln aus militärischen Budgets anzugehen. Ansätze zur Lösung von Problemen oder Träume verwirrter Menschen??

Solange Menschen wie Napoleon, Hitler, Stalin und andere an der Macht waren, keine Chance!!

Aber auch Führer großer Nationen, wie Bush, haben nur wenig Ansätze zur weltweiten Verbesserung der Lebensverhältnisse der Menschen erkennen lassen. Nur die Verbesserung für die Menschen in ihrem Machteinflußbereich wird verfolgt – und wird punktuell geholfen, so hat das in der Regel egoistische Beweggründe. Wo sind die Führer der Weltmächte, die sich an einen Tisch setzen und Lösungen suchen, die an diesem System Grundsätzliches verändern könnten? Ist der Druck der Wähler in den jeweiligen Ländern auf die gewählten Politiker so groß, dass keine Lösungsansätze bestehen??

Oder ist das Darwin?? Nur der Stärkere hat Rechte – und überlebt??

Ich würde gerne erleben, dass erneut Männer wie de Gaulle und Adenauer die Probleme der Vergangenheit erkennen und daraus Schlüsse zu positiven Veränderungen ziehen. Genau das haben diese starken Persönlichkeiten in Rom getan!! Leider nur für Teile Europas, in denen es dann gerechter zuging, wirtschaftliche Veränderung in armen Regionen umgesetzt wurden, und Kriege zwischen den Partnern, die es in der Geschichte ständig gab, fanden dort bis heute nicht mehr statt.

Ich hoffe, wir fliegen morgen nach Barneo!!

* * * * *

Auf dem Flughafen - gen Barneo...

Freitag, 20. April 2007

Der Morgen begann wie immer: Frühstück um 7:30 Uhr – Besprechung über die Chancen, nach Barneo zu fliegen um 9:30 Uhr.

Nachdem es so aussieht, dass wir heute Abend gegen 21:00 – 22:00 Uhr starten, steigt die Spannung.

Ich bin noch ca. 2 Stunden durch den Schnee gelaufen, machte noch einige Fotos von einem Hügel auf das Städtchen Longyearbyen mit den herrlichen Bergen im Hintergrund.

Die ersten Vögel trafen in Spitzbergen ein, suchen mit viel Geschrei ihre Nistplätze hoch in den Felsen und zeigen an, dass wohl die kälteste Jahreszeit langsam Vergangenheit wird. Vielleicht ist es dann auch nicht zu extrem auf unserem Marsch vom 89° zum 90° Nördlicher Breite – dem Nordpol.

Wahrscheinlich ist dies meine letzte Eintragung in dieses Büchlein in Longyearbyen – es sei denn, es wird doch nichts mit dem Flug heute Abend.

Ich werde nun packen und zwar zwei Teile: Der eine Teil wird hier gelagert bis wir, hoffentlich erfolgreich, zurückkommen, der Rest geht noch in den Schlitten. Habe mir eine Flasche mit heißem Zitronentee vorbereitet. Es kann sein, dass wir direkt nach der Ankunft in Barneo noch ein Stück in Richtung Pol gehen. Hoffe wieder, täglich kurze Notizen im Zelt machen zu können. Es hängt vieles von der Temperatur im Zelt ab.

Thomas Ulrich am Flughafen von Longyearbyen

Gleich geht's los

Expedition zum Nordpol

Samstag, 21. April 2007

Es ging also tatsächlich gestern Abend noch gegen 19:30 Uhr los nach Barneo! Nach ca. 2,5 Stunden Flug über Svalbard und den „arktischen Ozean" landeten wir an der Station BARNEO. Die Piste war gut hergerichtet, die Maschine wurde jedoch stark hin und her geschüttelt. Ich habe aus einem vereisten Fenster aus der Maschine einige Bilder versucht. Es war einfach herrlich anzusehen. Die Inselgruppe Svalbard, die dann folgende, teilweise aufgerissene Arktis, ansonsten eine ewige Eisfläche, die der Schnee herrlich weiß aussehen ließ. Am Flughafen Longyearbyen traf ich Thomas Ulrich, der etwas enttäuscht mit der Maschine ankam, die uns dann nach Barneo fliegen sollte. Er drückte uns beide Daumen für ein besseres Gelingen.

Eisblumen am Fenster...

Was erwartet uns...

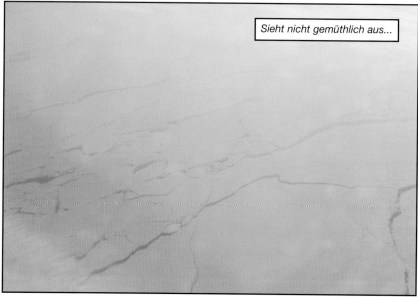

Sieht nicht gemüthlich aus...

Ankunft in Barneo

Im Camp Barneo gab es ein einfaches russisches Abendessen, Tee und Kekse. Die Benzinflaschen für unsere Kocher wurden erst hier gefüllt. Einige Leute begrüßt, von denen ich lediglich in Longyearbyen hörte: Rick, der Inhaber der N.W.Passage – ein richtiger Macher –, Annie, mit der ich alle Vorkorrespondenz von Dietzenbach aus führte, den russischen Chef des Camps: Viktor Boyarski.

Nach ca. 1,5 Stunden legten wir dann unsere Schlitten an und verabschiedeten uns. Mein Abenteuer Nordpol startet nun tatsächlich! Das erwähnte Kribbeln im Magen war heftig! Wie wird es gehen? Was erwartet uns? Schaffen wir das Ziel – oder trifft es uns wie viele andere vor uns? Geplant war lediglich eine Stunde, um dem Camp und dem Landen/Starten der beiden Helikopter zu entfliehen und um endlich zu starten.

Und los geht's....

... harte Arbeit - die offenen Stellen weit zu umgehen ...

Schon nach 10 Minuten wurde es zum ersten Mal anstrengend. Wir mussten über eine vereiste, offene Stelle mit großen Eisblöcken – ein guter, uns einen echten Vorgeschmack liefernder Start! Es ging heftig weiter – nur kurze Strecken waren dem Marsch zum Südpol vergleichbar, ansonsten körperlich entscheidend fordernder! Doch anders als erwartet. Leichter ist das Atmen auf Meereshöhe! Temperatur bei ca. -25°C. Zum ersten Mal wurde im Zelt Schnee geschmolzen für eine kräftige Nudelsuppe und für reichlich Getränke.

... Ski abschnallen – hier ist Muskelkraft gefragt ...

Expedition zum Nordpol

Schlafen gegen 3:30 Uhr morgens. Schlecht wie immer geschlafen! Aufstehen und Frühstück um 10:00 Uhr. Es gab Eier und Schinken, die Eier aus getrockneten Eierflocken – fast echt wie aus frischen Eiern. Unsere Getränkeflaschen wurden gefüllt, und gegen 12:15 Uhr ging es auf den Weg Richtung Nordpol.

Da Ryan mit dem Abendessen gleich fertig ist, nur ganz kurz: Ende heute um 18:30 Uhr. Eine unheimlich schöne Strecke, offene, teilweise vereiste Stellen, wechselten sich ab mit bizarren „Eisverschiebungen", die wie Skulpturen aussehen und die kein Künstler hätte schöner gestalten können. Die Phantasie hatte freien Lauf – jeder sah, was er sehen wollte!

So schön all dies anzuschauen ist, so gefährlich und anstrengend ist es, immer wieder auf die andere Seite zu kommen! Ich legte mich am ersten Tag zweimal in den Schnee!! Auf der gesamten Südpolstrecke nicht ein einziges Mal. Zweimal ging es nur ohne Ski!! Skier auf den Schlitten und so über große Eisblöcke, Eisbarrieren, über feuchte Stellen. –

Mehr morgen – oder??

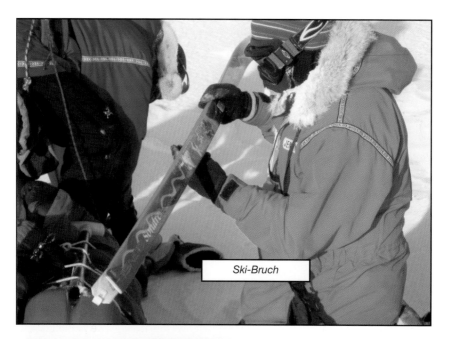

Ski-Bruch

... nur noch Schneeschuhe

Dienstag, 24. April 2007

Zwei Tage keine Eintragung. Vorgestern zu müde, gestern zu kalt. Auch heute wird es nicht viel geben. Es ist zwar noch nicht unter -5° im Zelt, aber es wird schon wieder kälter, nachdem Ryan aufhörte zu kochen.

Wunderschöne Eiswände um uns herum! Enorm, was der Druck der Eisplatten alles hervorzaubert! Es ist mit Abstand abwechslungsreicher als auf dem Marsch zum Südpol. Wir sind ca. 12 km vorwärts gekommen und kaum zurückgedriftet. Gestern liefen wir starke 16 km und wurden wieder fast 5 km vom Nordpol weggeführt.

Eine Bindung ging zu Bruch, zwei Skifelle mussten erneuert werden. Nicht nur wir, sondern auch das Material leidet stark. Ich rutschte gestern in weichem Schnee an einem Eisblock entlang. Die Kniescheibe blutet. Habe mich selbst verarztet.

Heute eine zweite Blase gelaufen, aber zu ertragen. Unser zweiter Guide zerbrach bei einem Sturz auf einem großen Eisabstieg einen Ski. Seit heute Vormittag läuft er mit den einzigen Schneeschuhen. Nicht auszudenken, was passiert, wenn noch ein Ski bricht! Keine Ersatzski, keine Schneeschuhe mehr!

Hatte heute Morgen einen großen Schreck! Fand meine Schmerztabletten nicht mehr und musste ohne Voltaren laufen. Spüre es jetzt, nach einem anstrengenden Tag. Fand sie wieder in meiner Fleecejacke. Hoffe nun auf baldige Wirkung.

* * * * *

Auf meinem Weg zum Nordpol gehen mir sehr viele Gedanken über meine Geschwister durch den Kopf und natürlich in erster Linie über die, die schon nicht mehr auf diesem wunderschönen Planeten weilen. Ich habe das Gesicht meiner 1945 verstorbenen Schwester Hildegard vor Augen, wie ich es als Junge von 5 Jahren gesehen habe. Ich sehe sehr intensiv meinen Bruder Dieter, der an meinem 19. Geburtstag diese Welt verließ. Ich sehe Otto, der als 59jähriger beim Setzen eines Herzkatheders – möglicherweise durch einen Arztfehler – nicht mehr aufwachte. Natürlich sehe ich den Ältesten von uns, Fritz, in seiner Wohnung in der Frankfurter Fahrgasse 84 am Boden liegen, Blut im Gesicht und in den letzten Zügen seines Lebens.

* * * * *

Ich stecke bis über die Knie im Schnee

Keine schönen Erinnerungen, aber sie machten mir auf dem Marsch zum Pol klar, dass alles vergänglich ist, dass wir nur Besucher dieses Planeten sind. Und es wird mir auch klar – wohl sehend, was sich vor allem hier um den Nordpol herum abspielt –, dass wir alle aufgerufen sind, mit unserem Lebensraum – wo auch immer – vernünftig und fair umzugehen. Die Diskussion um die globale Erderwärmung läuft und, wie an anderer Stelle bereits erwähnt, auch die Amerikaner, Chinesen und Inder haben offenbar begriffen, dass wir einiges tun können, um die Lebensräume für die Menschen – egal an welchem Platz – zu schonen. Klimawechsel gab es schon, solange man die Aufzeichnungen nach-verfolgen kann. Wissenschaftliche Untersuchungen, gerade an den Polen, bestätigen dies. Aber wie mir die beiden Wissenschaftler aus Russland und Finnland in Spitzbergen bestätigten, tragen wir zumindest einen fairen Teil zu der globalen Erwärmung bei!

* * * * *

Aber zurück zu den Geschwistern! Ich frage mich, ob ich meinen 14 Monate jüngeren Bruder Dieter hätte begeistern können, die Touren zu den Polen mit mir zu gehen. Bei seiner körperlichen Verfassung vor sei-ner tödlichen Krankheit hätte ich keinerlei Zweifel gehabt. – Natürlich denke ich auch an die Geschwister, die noch leben. Immer wieder kommt mir eine der beiden Zwillinge Marianne, Zwillingsschwester von Berti, in den Sinn. Sie hatte von Jugend an eine sehr lange Beziehung mit Antonio Scognamiglio, die dann endete, als sie schon weit über 40 Jahre alt war. Ein Drama damals, wir alle hatten Angst, dass Marianne, diese Trennung, die sie sicherlich zum Teil selbst verursachte, nicht ver-kraftet. Aber auch hier hat sie – wie auch Fritz – einen unheimlich star-ken Lebenswillen bewiesen. Nach über 25 Jahren schönem Leben fing sie wieder an zu arbeiten. Fritz konnte ihr eine Arbeitsstelle in „seinem" Arbeitsamt besorgen. Ich kann mich an Nächte erinnern, in denen Matzel und ich mit Marianne und Antonio Karten spielten bis die Sonne wieder am Horizont erschien. Volle Aschenbecher und manche

Diskussion darüber, wie ungesund das Rauchen doch ist – sie hat nicht darauf verzichtet und hat nun doch enorme gesundheitliche Probleme, die sie wieder mit einem sehr starken Lebenswillen bewältigt. Ich kenne in meinem Umfeld niemanden, der mit dieser Willenskraft gegen seine zahllosen Gebrechen angeht.

Aber das kannten wir von Fritz, seinem Lungendurchschuß und einem Lungensteckschuß (die Kugel blieb bis 1946 in der rechten Lunge), dem durch die Salve eines Maschinengewehrs an mehreren Stellen zerschossenen rechten Arm, von seinen zwei Herzoperationen, von seiner Aorta-Operation und seinem Blasenkrebs. Er erzählte mir immer, das sei das letzte Mal, dann wollte er den Blasenkrebs nicht mehr behandeln lassen – das wiederholte sich vier, fünf Mal. Natürlich waren die Ursachen bei Fritz die schwere Kriegsverletzung, die er sich in Montecasino im Kampf gegen die Alliierten zuzog, aber auch – wie bei Marianne und Otto – das starke Rauchen. Diese Diskussion führen wir ständig, und auch hier kommen mir wieder Gedanken an meinen Sohn Thorsten, der es schaffte, zwei Jahre ohne Nikotin auszukommen und dann leider wieder rückfällig wurde. Das Thema beschäftigt mich nach wie vor. Ich vermute einfach, und Fritz wurde dies bei einer Untersuchung einmal bestätigt, dass die Venen, die wir Kerns in unserem Körper haben, besonders ungeeignet für das Rauchen sind. Es gab bei mir auch einige Jahre des Rauchens, zu dem ich von meiner Matzel „verführt" wurde. Seit über 30 Jahren rauche ich nicht mehr und fühle mich nach Aufgabe des Nikotingenusses bedeutend wohler.

Mein Verhältnis zu meiner 14 Monate älteren Schwester Uschi war von Kindheit an äußerst unproblematisch. Alle meine Schwestern waren sehr eng mit unserer Mutter verbunden, vor allem in ihrem letzten schweren Lebensjahr, in dem sie abwechselnd von ihnen hingebungsvoll gepflegt wurde. Ich hatte oft Angst, dass Uschi ihren Mann Fedor und Sohn Roland in dieser Zeit vernachlässigte. Aber die Liebe zu unserer tollen Mutter war so groß, dass Mann und Sohn Verständnis dafür hatten. Angeborener Fleiß und Treue zur Familie, verbunden mit dem uns allen angeborenen Drang zur Offenheit führt jetzt noch zu „angeregten" Diskussionen. Ein großes Herz, viel Liebe und Verständnis für viele Menschen um sie herum! Das ist Uschi!!

Ich denke auch an meine jüngste Schwester Renate, die sich seit vielen Jahren von der Familie getrennt hat. Wir, die wir noch leben und sehr eng zusammenhängen, bedauern natürlich, dass Renate sich abgesondert hat. So wie wir gestrickt sind, sind immer die anderen schuld. Es gibt Partner, die an dem Zusammenhalt einer Familie weniger Interesse haben. Dafür gibt es Gründe, die ich in diesem Fall zu kennen meine, aber hier nicht erwähnen möchte.

* * * * *

Der Schlaf ist nun stärker als die Gedanken. Ich freue mich zumindest auf eine kurze Zeit der Erholung, aber bedeutend mehr auf den neuen Tag und die neue Herausforderung.

Höre auf, da meine Finger zu kalt werden!

... ohne Worte

Die nächste Presseiswand voru uns ...

Expedition zum Nordpol

Mittwoch, 25. April 2007

Nun zurück zum 25. April 2007 – ab diesem Tag bis heute keine Eintragung, zu kalt, zu anstrengend, zu müde!

Nach Zeltaufbau, Schneeschmelzen und Kochen zieht es mich in den warmen Schlafsack! Die beiden Unterhemden, nun seit dem 25. April bereits 3 Layers (Unterhemden) wegen der gestiegenen Minustemperaturen, werden nur im Schlafsack trocken. Das gilt genauso für meine Balaclava, Handschuhe, Innenschuhe – nassgeschwitzt. Möchte morgens wieder trocken beginnen. Das war alles in der Antarktis wegen der extrem trockenen Luft bedeutend einfacher! Einige der Dinge sind morgens noch feucht! Hier hilft nur die Daunenjacke, bis der Marsch mit Ski und Schlitten Richtung Nordpol beginnt. Nach 10 Minuten Laufen ist man wieder warm, die Feuchtigkeit wird nicht mehr empfunden.

Wir sind in der Zwischenzeit ein gut funktionierendes Team geworden. Ohne diese Zusammenarbeit, gegenseitige Hilfe beim Herausziehen aus dem Wasser oder dem Schnee, in dem man bis zu den Oberschenkeln einsinkt, wäre das Ziel noch komplizierter zu erreichen!

Was an den Tagen vom 24. bis 27. April geschah, ist mir nicht entfallen, nur wann was war bekomme ich nicht mehr zusammen. Es scheint mir aber auch zweitrangig zu sein! --

Die Kraftanstrengungen blieben alle fast gleich. Ich empfand es etwas leichter, je näher wir zum Pol kamen. Es brachen weitere zwei Bindungen – stundenlang zog Dirk seinen Schlitten ohne Ski. Je nach dem wie hart oder weich der Boden ist, ein Vor- beziehungsweise Nachteil.

Die Zeit läuft uns davon! Die Russen wollen das Camp Barneo am 29. April 2007 abgebaut haben und auch den Flug nach Longyearbyen durchführen. Nach einigen Diskussionen untereinander und mit den Russen, uns Hubschrauber und Flugzeug zwei Tage länger zur Verfügung zu halten, wurde entschieden, ca. 10 km (einen knappen Tagesmarsch) mit dem Hubschrauber näher zum Nordpol gebracht zu werden.

Durch die starken Winde drifteten wir jede Nacht 5 bis 6 km wieder weg vom Nordpol! Die enormen Kräfteanstrengungen wurden selten belohnt. Denke oft an Sisyphos und seinen Felsbrocken, den er bergauf schafft, der aber immer wieder zurückrollt. – Dirk, Jin und ich brechen bis an die Knie in das eisige Polarmeer ein. Waren schon kritische Situationen!

Wirklich ungemütlich wurde es, als eine Eisplatte, auf der wir uns bewegten, mit Furcht erregenden Geräuschen auseinander brach. Keith, Jin und ich rannten mit Ski und Schlitten so schnell wir nur konnten! Ich befürchtete wirklich das Ärgste!

Ein schier unüberwindbares Hinderniss fordert all unsere Kräfte.

Expedition zum Nordpol

Der letzte Tag, der uns verblieb, den Pol noch zu erreichen und dann auch wieder zurück zu kommen, war der mit Abstand mörderischste. Es begann bereits mit scheinbar unmöglich überwindbaren Eisblockauf-schichtungen. Vier hiervon gingen an die letzten Kräfte! Dann aber wurde es ernst. Keith und Dirk schwärmten aus, als erkennbar wurde, dass die nächste Wand noch zu schaffen sei, danach aber eine offene Stelle direkt am Fuß dieser Eisblöcke erschien, so groß wie ein ordent-licher Fluß. Wir waren laut GPS nur noch 1,6 km vom geografischen Nordpol entfernt – erkennbar war aber auch, dass erneut große Wege über unbekannte Hindernisse gegangen werden müssten. Das Ziel so nah und doch fast nicht mehr erreichbar! Gemeinsame Abstimmung, die ich so gut es mir zustand beeinflusste, einen letzten Versuch zu wagen. Wir bewegten uns also an der Eiswand, dahinter Polarmeer, gen Osten, um eine Stelle zu finden, an der es dem GPS folgend nach Norden gehen konnte. Zwei Stunden dauerte die Ungewissheit an – dann ging es wieder über Eisblöcke nach Norden. Jetzt musste zuerst der lange Umweg aufgeholt werden. Und zu allem Übel driftete das Eis immer weiter weg vom Nordpol – wir mussten also schneller marschieren! Der Marsch wurde zur Qual! Der Wind war wieder stärker geworden und die Kälte dadurch noch spürbar unter -30°C! Relativ flache Stellen mit schwer erkennbar höheren Wellen wechselten sich ab mit Press-eiswänden. Harte Eisstellen gingen über in Schneeverwehungen. Rutschen also und dann wieder „Eintauchen" in weichen Schnee. Keith hatte bei den letzten Überschreitungen empfohlen, die Ski abzunehmen und auf den Schlitten zu befestigen – was für das Übersteigen der Eisblöcke und glatteren Eisflächen eine vernünftige Lösung war.

Für die Schneeverwehungen, in die ich ohne Ski bis über die Knie ein-sackte, war es eine Kräfte auffressende Tortur für mich, da vor allem immer wieder vom Schnee verdeckte Eisaufbrüche echte Gefahr der Verletzungen an den Eiskanten bedeuten konnten – was auch so geschah. Nachdem ich eine zeitlang Jin die zweite Stelle hinter unserem Expeditionsleiter überließ, um ihn bei seiner spürbar nachlassenden Kraft und Motivation anzuspornen, sollte ich doch wieder als Ältester die Führung der „4" übernehmen. Keith's Begründung, dass dies die ja über 30 Jahre jüngeren Mannschaftskollegen eher zum Durchhalten bewegen würde (bei etwas schnellerem Gehen), als wenn sie Keith vor sich hätten. Der müsste ja schnell gehen können, und das „Nicht-Mithalten-Können" sei erklärbar.

Ich musste also in die fast neue Spur und sollte den Kontakt zu Keith nicht abreißen lassen. Trotz der -30°C schwitzte ich enorm, und meine Freunde zogen tatsächlich wieder an. In der Zwischenzeit hatten wir wieder unsere Ski unter den Schuhen. Die Strecken mit Schnee-verwehungen wurden größer – die Möglichkeit, in den Schnee tief ein-zutauchen, ist mit Skiern natürlich geringer.

Das GPS zeigte noch 1,5 km zum 90° an. Die längsten 1,5 km, an die ich mich erinnern kann! Auch die schönsten!! Die Sonne kam vereinzelt hinter den Wolken hervor und verzauberte die so anstrengenden blauen Eisblöcke zu Skulpturen, die der Phantasie freien Lauf ließen. Ich zählte bereits jeden Schritt mit kräftigen Stößen meiner Skistöcke und ließ aus den Eisblöcken den Kopf eines Krokodils mit klar erkennbaren Zähnen, Menschen etc. erscheinen!

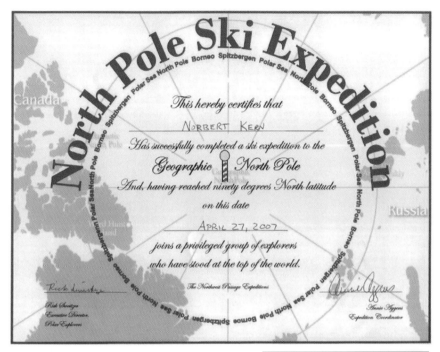

Am 27. April 2007 um 20.36 Uhr stehen wir exakt auf dem 90° Nördlicher Breite!

Der geografische Nordpol ist erreicht!

Ausgelassene Freude! Am Körper aufgewärmte Piccolo-Fläschchen, drei Schüsse aus dem Eisbär-Gewehr.

Ich war am Ziel meines Traums!!

Jacob aus Dänemark tanzte völlig nackt um die „ganze Welt" – oder richtiger: „on the top of the world".

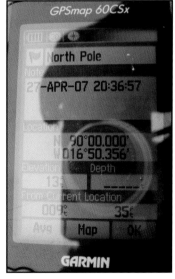

Nun auch gemeinsam am Nordpol mit Jin Fei Bao!

Expedition zum Nordpol

Erleichtertes Expeditionsteam am Nordpol

Eine Menge Fotos wurden geschossen. Ich hatte morgens bereits – in großer Hoffnung auch anzukommen – unsere Nationalfahne sowie die Dietzenbacher im Anorak verstaut – schöne Bilder!

Große Freude, Genugtuung, Stolz auf uns alle, doch nicht 6 Stunden zuvor aufgegeben zu haben.

Aufwärmen im Zelt war dringend nötig. So schnell es ging standen die Zelte und unsere Kocher brachten Wärme, warme Getränke, Spaghetti! Den warmen Schlafsack empfand ich fast wie ein Himmelbett!

Die Gedanken wanderten nach Hause, zu meiner Heide, meinen Kindern, Enkeln, Geschwistern und Freunden!

S C H Ö N !

Abholung am Nordpol von russischem Hubschrauber MI-8

Samstag, 28. April 2007

Flug mit russischem Hubschrauber MI-8 nach Barneo (gegen 11:00 Uhr)
Direkter Anschluß mit ANTONOV 74 nach Longyearbyen.

Sonntag, 29. April 2007

Abflug heute morgen um 8:00 h nach Olso.

Abschied .....

Kurz vor der Landung auf Spitzbergen

Sonntag, 29. April 2007

Ich warte nun in Oslo auf meinen Weiterflug nach Frankfurt.

Das Ziel: Geografischer NORDPOL wurde nach einem unglaublich anstrengenden Tag am 27. April 2007 um 20.36 Uhr erreicht!

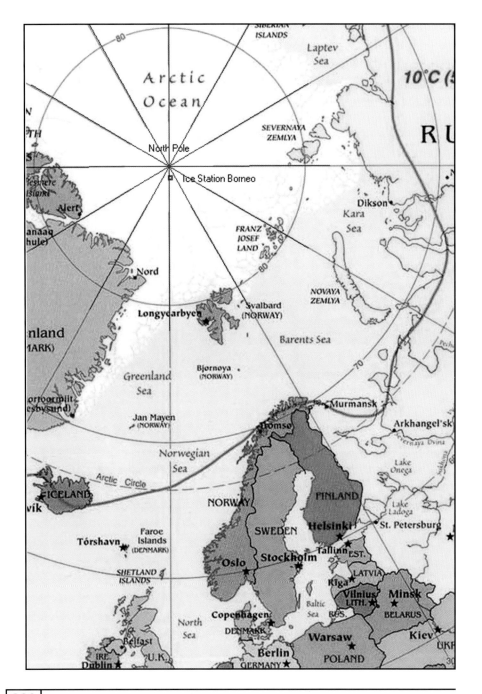

Expedition zum Nordpol

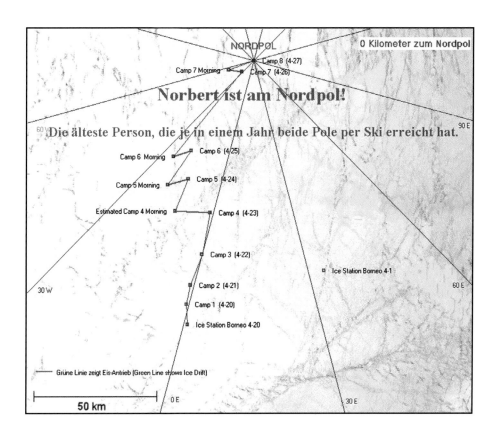

NORDPOL

0 Kilometer zum Nordpol

Camp 8 (4-27)

Camp 7 Morning   Camp 7 (4-26)

Norbert ist am Nordpol!

90 E

60 W Die älteste Person, die je in einem Jahr beide Pole per Ski erreicht hat.

Camp 6 Morning   Camp 6 (4/25)

Camp 5 Morning   Camp 5 (4-24)

Estimated Camp 4 Morning   Camp 4 (4-23)

Camp 3 (4-22)

Ice Station Borneo 4-1

30 W   Camp 2 (4-21)   60 E

Camp 1 (4-20)

Ice Station Borneo 4-20

Grüne Linie zeigt Eis-Antrieb (Green Line shows Ice Drift)

50 km   0 E   30 E

Kapitel IV

Nordpol-Expedition Website

by Norbert H. Kern

110 km zum Nordpol
(es wurden 158 km – durch Umwege und Zurückdriften !!)

Email Update 15.4.2007
Hi

Norbert just called from Spitsbergen:
- 8 °C with heavy snow. Departure to the Pole will be delayed for 2 – 3 days due to open ice on the runway at Borneo Station so that Antonov 74 cannot land there. They are checking alternatives.

Meeting in 2 hours to decide what to do with spare time: Tour with Ski-Doo or dog-sled

The Team of four:
Jin from China, David from America, Jacob from Denmark and Norbert will be guided by Keith and Dirk (NorthWest Passage) and the trainee guide Ryan.

Picture of all 7 with their new Team jackets to follow today.

They were told that it will be a tough tour to the North Pole. A couple of weeks ago one Team had to be taken over open ice by helicopter in the middle of the tour, tried to start again from another area, but finally had to give up because every day they drifted farer away from the Pole. Also Annie from NorthWest Passage, on tour with a Team and dog sleds, has great problems to reach the Pole due to drifting ice they were on.

German translation:

Norbert rief gerade aus Spitzbergen an:
- 8°C, heftiger Schneefall. Abflug Richtung Pol wird sich um 2 bis 3 Tage verzögern, da die Landebahn in Borneo Station der Länge nach aufgebrochen ist, so daß die Antonov 74 dort nicht landen kann. Man sucht nach Alternativen.

Besprechung in 2 Stunden zur Gestaltung der unerwarteten Freizeit: Ski-Doo oder Hundeschlitten-Tour.

Die vier Teammitglieder: Jin aus China, David aus Amerika, Jakob aus Dänemark und Norbert werden geführt von Keith und Dirk (vom Veranstalter NorthWest Passage) und dem Trainee Ryan.

Ein Bild von allen sieben mit den neuen Team-Jacken folgt heute noch.

Man hat ihnen gesagt, es wird eine harte Tour zum Nordpol werden. Vor etwa zwei Wochen mußte ein Team in der Mitte der Tour von einem Helikopter über offenes Eis geflogen werden, erneuter Versuch von einem anderen Ausgangspunkt. Sie mußten letztendlich aufgeben, da sie täglich weiter vom Pol wegdrifteten. Auch Annie von NorthWest Passage, unterwegs mit einer Gruppe und Hundeschlitten, hat große Probleme, dem Pol näherzukommen, da auch sie immer wieder auf dem Eis abdriften.

Longyearbyen – Update April 16, 2007

Two and a half hours fitness test in comparable situation. Temperature is only -10 to -20 °C.
Situation in Borneo is improving. First Teams were brought back from the Pole to Borneo and back to Spitsbergen.
There is a chance to start our Expedition tomorrow, April 17, 2007, if we can fly out to Borneo Station.

Pictures to follow as the iridium does not yet work properly.

We all cross our fingers not to face the same situation when flying from Punta Arenas to the Antarctis (11 days delay!) !!

Blick auf die Küste Longyearbyens..

German translation:

Zweieinhalb Stunden Fitness-Test in vergleichbarer Situation. Temperatur nur -10 bis -20°C.
Die Situation in Borneo hat sich verbessert. Erste Teams wurden vom Pol nach Borneo und zurück nach Spitzbergen gebracht. Die Chance besteht, unsere Expedition morgen, 17. April 2007, zu beginnen, sofern wir nach Borneo Station fliegen können.

Fotos folgen sobald das Iridium ordentlich funktioniert.

Wir halten alle die Daumen, daß wir nicht die gleiche Situation erleben wie beim Flug von Punta Arenas in die Antarktis: 11 Tage Verspätung!

Eisbären haben Vorfahrt...

Spitsbergen, update April 17, 2007

No flight today, maybe tomorrow. Not quite sure, but high probability. Open runway at Borneo is frozen again. They are furthermore working on a second runway, but had to stop due to heavy winds and snow. There are now two alternatives, hopefully allowing us to fly out tomorrow.

Today with – 15°C temperature in wonderful landscape extended skitour without sleds: 22 km in 5 hours with a few stops only. After that I am okay and feel well prepared!

The Iridium for the pictures still does not work perfectly. With the support of Richard Laronde we are working on it!

About 100 people alltogether – on skis or with dog-sleds or helicopter – reached the North Pole so far.
In 2006/2007 28 people on skis arrived at the South Pole.
Since both Poles were visited, 48 people on skis reached both Poles in one year.

German translation:

Spitzbergen – 17. April 2007

Kein Flug heute, vielleicht morgen. Nicht ganz sicher, aber hohe Wahrscheinlichkeit.
Die geöffnete Landebahn in Borneo ist wieder zugefroren. Außerdem arbeitet man an einer zweiten Start-/Landebahn, mußte jedoch wegen starker Winde und Schneetreibens abbrechen. Damit gibt es zwei Möglichkeiten, die die Wahrscheinlichkeit, morgen in die Arktis zu fliegen, erhöhen.

Heute in wunderschöner Landschaft bei – 15°C ausgedehnte Skitour ohne Schlitten: 22 km in 5 Stunden mit nur wenigen Pausen. Ich fühle mich okay und gut vorbereitet!

Das Iridium für die Bilder arbeitet noch immer nicht perfekt. Mit Unterstützung von Richard Laronde hoffen wir auf baldige ‹bermittlung.

Den Nordpol erreichten bisher insgesamt etwa 100 Menschen per Ski, mit Hundeschlitten oder Helikopter.
Den Südpol erreichten in dieser Saison (2006/2007) per Ski 28 Personen.
Seit beide Pole besucht werden, haben bisher 48 Menschen per Ski in einem Jahr beide Pole erreicht.

Spitsbergen, update April 18, 2007

No flight to Borneo today! We spent our day walking around the city and visiting the very interesting Museum.

Our sleds are packed since one hour as there might be a chance to leave tomorrow for Borneo. It is time now, it's getting boring!

Arctic Evening in Spitsbergen

German Translation:

Spitzbergen, 18. April 2007

Auch heute kein Flug nach Borneo. Wir haben den Tag mit Stadtbummel und Besuch des sehenswerten Museums verbracht.
Seit einer Stunde sind unsere Schlitten gepackt, da die Chance besteht, daß es morgen losgeht. Es wird Zeit, langsam wird es langweilig!

Spitsbergen, update April 19, 2007

Very little chance to fly out still today. Bad weather in Borneo, wind and snow. In the meantime they hope to leave tomorrow, Friday, April 20, 2007 at 06:oo h – I doubt it!

The Swiss Expedition leader Thomas Ulrich (I first wanted to go with him to the North Pole) had to give-up with his Team. Very bad, stormy weather, diminishing food reserve, timing problems and minor injuries were reason to stop and ask for the helicopter to take them to the Pole and back to Borneo.

As already mentioned, the runway at Borneo could not be used because of a long crack in the ice. The repair is done by drilling holes in the ice at several places. The salt-water comes up through the holes and freezes at the surface, closing also the crack.

Two bulldozers are placed in the camp for preparation / smoothing the runway, taken over by helicopter (MI 8).

Due to Russian regulations the ice has to be 1,20 m to 1,50 m thick. The ice plane needs to be one year old and must correspond to this thickness. Every year two Russian helicopters are looking for a 2 m thick ice plane to build-up the temporary camp – not only for the expeditions, but also for scientific analysis in the Arctis. This enormous effort is made only for two months: building-up the camp in March / pull it down end of April / beginning of May.

The group of the Svalbard Islands, to which Spitsbergen belongs to, is covered 60 % with glacier. About 3.000 polar bears are still living on these islands, visiting the small villages.

We will try to send further pictures tonight.

German Translation:

Spitzbergen, 19. April 2007

Wahrscheinlichkeit sehr gering, heute noch zu fliegen. Schlechtes Wetter in Borneo, Wind und Schnee. Inzwischen besteht Hoffnung für Abflug morgen, Freitag, 20. April um 06:oo Uhr. Ich bezweifle das!

Der Schweizer Thomas Ulrich (ursprünglich wollte ich mit ihm zum Nordpol gehen) gab mit seinem Team auf. Sehr schlechtes, stürmisches Wetter, zur Neige gehender Proviant, Zeitprobleme und leichtere Blessuren waren Anlaß, abzubrechen und den Hubschrauber für den Flug zum Pol und zurück nach Borneo anzufordern.

Wie berichtet war die Landebahn in Borneo durch einen Riss im Eis vorübergehend nicht zu gebrauchen. Die „Reparatur" erfolgt durch Bohrungen an verschiedenen Stellen im Eis, durch die das Salzwasser an die Oberfläche kommt, dort gefriert und auch den Riss schließt.

Im Camp sind zwei Bulldozer stationiert für die Preparierung/Glättung der Landebahn; sie werden per Helikopter (MI 8) dorthin geflogen.

Nach den russischen Vorschriften, muß das Eis für die Landung der Antonov eine Dicke von 1,20 bis 1,50 m haben. Außerdem muß die Eisfläche mindestens ein Jahr alt sein und die vorgegebene Stärke haben. Jedes Jahr suchen zwei russische Helikopter (MI 8) für das temporäre Camp eine 2 m dicke Eisfläche, auf der das Camp nicht nur für die Expeditionen, sondern auch für wissenschaftliche Untersuchungen in der Arktis errichtet wird. Der enorme Aufwand wird für zwei Monate berieben: Aufbau des Camps im März, Abbau Ende April/Anfang Mai.

Die Inselgruppe Svalbard, zu der Spitzbergen gehört, ist zu 60 % mit Gletschern bedeckt. Auf der Inselgruppe gibt es noch ca. 3000 Eisbären, die bis in die kleinen Dörfer kommen.

Wir werden versuchen, heute nacht weitere Bilder zu schicken.

Spitsbergen, update April 20, 2007

Finally! With 95 % certainty we will be flown out to Borneo today between 21:00 and 22:00 h. Our luggage is prepared. The weather has improved. We are lucky to be the last ski expedition and therefore sincerely hope that the Russians will keep Borneo running and only start to pull down the Camp when we are back there.

On my two hours walk I saw the first birds coming back to Spitsbergen. Hopefully a sign that the winter is drawing back and we will not have to face worst conditions. Wishful thinking !!

I just met Thomas Ulrich on his return flight from Borneo to Spitsbergen. Unfortunately he and his team did not reach the Pole because of extremely bad weather conditions. He wished me and our Team good luck!

German Translation:

Spitzbergen, 20. April 2007

Endlich! Mit 95 % Sicherheit werden wir heute zwischen 21:00 und 22:00 Uhr nach Borneo geflogen. Unser Gepäck steht bereit. Das Wetter hat sich gebessert. Unser Glück ist, daß wir die letzte Ski-Expedition sind. Wir gehen deshalb davon aus, daß die Russen Borneo bis zu unserer Rückkehr offenhalten und erst dann mit dem Abbau beginnen.

Bei einem zweistündigen Spaziergang sah ich die ersten Schwärme der Zugvögel nach Spitzbergen zurückkehren. Hoffentlich ein Zeichen, daß der kalte Winter sich dem Ende zuneigt und uns nicht die allerärgsten Bedingungen ins Gesicht blasen. Wunschdenken !!

Soeben traf ich Thomas Ulrich, der gerade von Borneo zurück nach Spitzbergen kam. Er und sein Team haben den Pol leider nicht erreicht – die Wetterbedingungen waren extrem schlecht. Er wünschte mir und unserem Team viel Glück!

Spitsbergen, April 20, 2007 – 17:15 h

We are about to leave Spitsbergen for Borneo within the next 50 minutes !!
After arrival there, it is planned to walk a few kilometers on the ice still today.

Die Mannschaft in Borneo

German Translation:
Spitsbergen, 20. April 2007 – 17:15 h

In etwa 50 Minuten fliegen wir von Spitzbergen nach Borneo !!
Nach Ankunft in Borneo wollen wir heute noch ein paar Kilometer auf
dem Eis zurücklegen.

Borneo, update April 21, 2007

At 9:15 pm we arrived at Borneo yesterday. We filled our petrol bottles, eat and drank something. Afterwards we fixed our sleds and went 4 to 5 kilometers towards the North Pole. It was tough to get over the ridges.We had to unbuckle the sleds more than once. At 03:oo am we were happy to get into our sleeping-bags!

This morning we got up at 10:oo am and left at 12:20 pm. Within 6 hours we made almost 10 kilometers. Everybody is okay. We had good weather, sunshine from time to time with – 25° C, little wind. I took beautiful pictures.

Tomorrow morning (April 22) we have to get up at 06:30 am, leaving at 09:30 am. To cover the lost time we are aiming at 10 to 12 hours walk. Regarding strength and efforts it is harder here than at the South Pole, although we are moving here on sea level instead of 3000 m altitude (felt as 3600 m altitude) at the South Pole.

Another day with more adventures!

German Translation:
Borneo, 21. April 2007

Um 21.15 Uhr kamen wir gestern in Borneo an, haben unsere Benzinflaschen gefüllt, etwas gegessen und getrunken. Danach wurden die Schlitten angeschnallt und wir liefen noch 4 bis 5 Kilometer Richtung Nordpol. Es war sehr schwer, das übereinander geschobene Eis zu überqueren. Mehrmals mußten wir die Schlitten abschnallen und sie so darüber ziehen.

Wir waren froh, um 03:00 Uhr in unsere Schlafsäcke schlüpfen zu können.

10:00 Uhr heute morgen Wecken, Abmarsch um 12:20 Uhr. In 6 Stunden haben wir knapp 10 Kilometer geschafft. Keinem ist etwas passiert. Wir hatten gutes Wetter, ab und zu Sonnenschein bei knapp – 25 °C, kaum Wind. Ich habe wunderschöne Fotos gemacht.

Wecken morgen früh (22. April 2007) um 06:30 Uhr, Abmarsch um 09:30 Uhr. Um den Zeitverlust aufzuholen, wollen wir morgen 10 bis 12 Stunden laufen. Was Kraft und Anstrengung angeht, ist es hier härter als am Südpol, obwohl wir hier nur auf Höhe des Meeresspiegels laufen anstatt in 3000 (empfundenen 3.600) Metern Höhe am Südpol.

Ein neuer Tag mit weiteren Abenteuern!

On our way to the North Pole – Update April 22, 2007

89°23.100 N   00°04.350 W
We walked 9 hours today, but only made 14 kilometers. Because of numerous high pressure ridges we have to stop very often, take off our skis and sleds to get better over the ridges. We have to go long detours due to incredibly many gaps (leads) in the ice. You can obviously feel the effects of global warming already.

The weather is good, about -20°C, colder in the evening. We have just little wind to face.

Today it was very strenuous for everybody. But we made beautiful pictures. More diversified surrounding than on the way to the South Pole.

We are all okay despite several falls and hope that we all reach the North Pole in good shape.

German Translation:

Auf dem Weg zum Nordpol – April 22, 2007

Wir liefen heute 9 Stunden und haben doch nur 14 Kilometer zurückgelegt, bedingt durch die vielen Stops aufgrund der Unmenge von hohen Eisverschiebungen. Oft müssen wir Skier und Schlitten abschnallen, um so besser über die Verschiebungen zu kommen. Außerdem müssen wir oft weite Umwege gehen. Es gibt erstaunlich viele offene Stellen. Offensichtlich zeigt sich hier schon die Klimaerwärmung.

Das Wetter ist schön, etwa -20°C, abends etwas kälter. Nur leichter Wind, so daß wir gut laufen können.

Der heutige Tag war für alle äußerst anstrengend. Aber wir werden belohnt durch wunderschöne Bilder. Es ist wesentlich abwechslungsreicher als auf dem Weg zum Südpol.

Wir sind alle wohlauf, trotz einiger Stürze und hoffen, daß wir alle gemeinsam den Nordpol gesund erreichen.

On our way to the North Pole –
Update April 23, 2007

(89°30.872 N 01°07.248 ' W – 54.1 kilometers to the North Pole)
It was a very hard day with -30° to -35°C. High snow-drifts are changing with ice, allover little hills and very high pack-ice, ice mountains which we have to climb all the way.

We walked 9 1/2 hours and made 16 kilometers. If everything will be okay, we might reach the Pole within 3 days despite all the big obstacles! The Team is fit and of good spirits, although everybody has minor injuries. (I hit my shin-bone on an ice block -5 cm scratch- and have some blisters. But never mind!)

Neil from New York (NorthWest Passage), on his dog-sled-tour got under water yesterday. But everything turned out positively.

It is very strenuous! I am more than 30 years older than the other Team members, but I can easily compete with them. The joy to approach the Pole is great. The efforts we have to make are increasing every day. The beautiful ice sculptures we are passing by are very exciting and could not be done better by an artist.

All the time we see open ice grooves which have to be overcome. Sometimes, when they are very large we have to make detours, but when they are about to freeze again and are only 1 to 1 1/4 meters wide, we cross them by ski.

Can you imagine that we are very happy to get in our tents every evening ?!

German Translation:
Auf dem Weg zum Nordpol – 23. April 2007

Es war ein sehr harter Tag mit -30° bis -35°C. Hohe Schneever-wehungen mit vereisten Stellen, überall kleinere Hügel und das Packeis hoch aufgeschoben – Eisberge, über die wir ständig gehen müssen.

Wir liefen heute 9 1/2 Stunden und legten 16 Kilometer zurück. Wenn alles gutgeht, können wir den Pol – trotz der großen Hindernisse – in 3 Tagen erreichen! Das Team ist fit und guter Dinge, trotz der kleinen Blessuren, die jeder hat.

(Ich habe mir mein Schienbein angeschlagen, 5 cm Riss und einige Blasen. Aber was solls?!)

Neil aus New York (NorthWest Pasage) ging gestern während seiner Hundeschlittentour unter Wasser. Aber alles ging gut!

Es ist sehr anstrengend! Obwohl ich mehr als 30 Jahre älter bin als die anderen Teammitglieder bin ich bestens dabei! Die Freude, dem Nord-pol immer näher zu kommen, ist groß. Die Anstrengungen werden jeden Tag größer. Die Eisskulpturen, an denen wir vorbeilaufen und die kein Künstler besser gestalten könnte, sind eine schöne Abwechslung.

Wir sehen ständig offene Stellen im Eis, die kurz zuvor aufbrachen und zu bewältigen sind. Wenn sie größer sind, müssen wir Umwege laufen. Wenn sie jedoch schon wieder im Begriff sind zuzufrieren und nur 1 bis 1 1/4 Meter breit sind, überqueren wir sie auf Skiern.

Könnt Ihr Euch vorstellen, wie glücklich wir sind, jeden Abend in unser Zelt schlüpfen zu können ?!

On our way to the North Pole – Update April 24, 2007

(89°35.089' N 014°11.582' W   46.3 kilometers to the North Pole)
Another very hard day! -28/29°C with strong winds – such which forced Thomas Ulrich and his Team to give up.
We had several big falls today, but are more or less all okay. We will continue (despite blisters on my left foot and an open knee) !

It seems that the material also suffers from the extreme conditions. Yesterday we had to replace a binding and two ski-skins, today another one. We also had to face a little catastrophe: One of our guides' (Dirk's) ski broke when we had to go down from a high ice block. He now has to continue with the only snow-shoes we have as a reserve with us, no extra skis. Let's hope that this does not happen again – would be terrible for all of us!

Another critical situation today: We had to build a bridge over a gap in the ice with our skis, pulled our sleds over them and had to jump ourselves over the wide gap! And nobody fell into the water!

Note for Rudolf Pollinger:
Rudolf, your material, your skis, binding and the ski-skins are functioning still very well!

Also my Team to the North Pole – as my friend Richard Laronde told me on our way to the South Pole – mentioned that I am „working like a good German machine".

We hope to be able to send new pictures today. For unknown reasons the iridium did not work properly for two days.

German Translation:
Auf dem Weg zum Nordpol – 24. April 2007

Ein weiterer sehr schwerer Tag! -28/29 °C bei sehr starkem Wind – vergleichbar mit dem, der Thomas Ulrich und sein Team zum Abbruch zwang.

Wir hatten heute einige größere Stürze, sind aber im großen und ganzen wohlauf. Wir machen weiter (trotz Blasen an meinem linken Fuß und einem offenen Knie)!

Offensichtlich scheint auch das Material unter den extremen Bedingungen zu leiden. Gestern mußte eine Skibindung ersetzt werden sowie zwei Ski-Felle, heute erneut ein Fell. Und dann eine kleine Katastrophe: Ein Ski unseres Führers Dirk brach bei der Abfahrt von einem hohen Eisblock! Er läuft jetzt mit den einzigen Schneeschuhen, die wir als Reserve dabei haben – keine Ersatzskier! Nicht auszudenken, wenn das noch einmal passiert!

Eine weitere heikle Situation heute: Wir mußten mir unseren Skiern eine Brücke über eine offene Stelle bauen, zogen dann unsere Schlitten darüber und sprangen dann selbst über die breite Öffnung! Und keiner fiel ins Wasser!

Kleine Notiz für Rudolf Pollinger:
Rudolf, Dein Material, Deine Skier, Bindung und die Felle funktonieren noch bestens!

Auch hier – wie von meinem Freund Richard Laronde auf unserem Weg zum Südpol erwähnt – spricht man davon, daß ich „wie eine gute deutsche Maschine" arbeite!

Hoffentlich können wir heute wieder Fotos übermitteln. Das Iridium funktioniert in den letzten beiden Tagen nicht richtig.

On our way to the North Pole –
Update April 25, 2007

(89°39.800' N; 020°00.026' W   37.9 kilometers to the North Pole)
Today we made about 16 kilometers despite facing the wind with
– 25°C, one ice barrier after another to overcome. But we are all feeling
okay.

Little note to Hans Wolf and my tennis friends: Tennis is also beautiful –
but we should plan to visit this area!

It does not look good to reach our target before the last flight leaves
from Borneo back to Longyearbyen! The Russian Company fixed it for
April 29, 2007. We can hardly make it for the following reasons:

Since 5 days we were walking 16 kilometers on an everage. That should
be sufficient, but: From the first day we are drifting away because of the
strong winds. Enormous moving ice sheets cannot be stopped in one
day. Bad luck that we are always drifting away from the North Pole.

German Translation:

Auf dem Weg zum Nordpol – 25. April 2007

Wir sind heute knapp 16 Kilometer gelaufen, trotz aller Hindernisse: Wind gegen uns bei – 25°C, eine Eisbarriere nach der anderen zu überwinden. Wir sind alle wohlauf.

Kleiner Hinweis an Hans Wolf und meine Tennisfreunde: Tennis ist auch schön – aber hierher sollte man einen Ausflug planen!

Es sieht nicht gut aus, daß wir unser Ziel vor dem letzten Flug ab Borneo nach Longyearbyen erreichen! Das russische Unternehmen hat ihn für den 29. April 2007 festgelegt. Und das ist für uns aus folgenden Gründen kaum zu schaffen:

Seit 5 Tagen laufen wir trotz aller geschilderten Hindernisse im Schnitt 16 Kilometer. Das müßte eigentlich reichen, aber: Wir driften seit dem ersten Tag wegen der starken Winde ab. Riesige Eisplatten in Bewegung durch starke Winde sind nicht an einem Tag aufzuhalten. Zu

During the day we are fighting with our last energy, make these 16 kilometers, build-up our tents, melt snow for sufficient water, cook, get into our sleepingbags – and the next moring when we are on our skis again with our sleds of 45 kilos in our back, we had drifted another 5 to 6 kilometers away from the North Pole.

We will try our utmost to make the 38 kilometers to the Pole within 3 days. The great team spirit was an enormous help to face all the inconveniences. But when we continue to drift away, we have only little chances. The lost four days in Longyearbyen are decisive wheather we will reach the North Pole in good shape or not.

I am terribly sorry possibly not being able to reach my target, the North Pole, after all the strain due to the circumstances.

Today, both ski-bindings of our Danish friend Jacob broke! He walked with his ski-shoes only for the last two hours and will continue if it is not possible to fix his skis again – which does not seem likely.

A pity that we cannot get connected with Richard Laronde via our iridium (GPS) telephone by satellite. We will try again this evening. The pictures would show something of the beauty surrounding us and also gives an impression of the efforts we all made. On our daily 9 hours walks I often think of the books I read about the first men reaching the Poles!

unserem Unglück driften wir ohne Ausnahme weg vom Nordpol. Wir kämpfen tagsüber mit letzten Kräften, schaffen diese 16 Kilometer, bauen unsere Zelte auf, schmelzen Schnee für genügend Wasser, kochen, legen uns in unsere Schlafsäcke – und wenn wir morgens auf den Skiern stehen mit unseren 45 Kilo schweren Schlitten im Rücken, sind wir schon wieder 5 bis 6 Kilometer weiter weg vom Nordpol als am Abend zuvor.

Wir werden alles versuchen, in 3 Tagen die 38 Kilometer, die wir noch vom Pol entfernt sind, irgendwie zu schaffen. Die großartige Teamarbeit bei der Bewältigung aller Hindernisse hilft ungemein. Wenn wir aber weiter so driften, sind die Chancen gering. Die 4 Tage, die wir in Longyearbyen verloren haben, sind dafür entscheidend, ob wir den Nordpol gesund erreichen oder nicht.

Ich bin sehr traurig, nach all diesen Strapazen möglicherweise mein Ziel, den Nordpol, aus den geschilderten Gründen nicht zu erreichen.

Heute sind beide Skibindungen unseres dänischen Freundes Jacob gebrochen! Er lief die letzten zwei Stunden heute nur mit seinen Skischuhen und will das auch weiter tun, wenn – wie es aussieht – die Skier nicht gerichtet werden können.

Schade, daß wir mit unserem Iridium(GPS)-Telefon keine Verbindung über den Satelliten zu Richard Laronde bekommen. Wir werden es heute abend noch einmal versuchen. Die Bilder würden einiges von der Schönheit, die uns umgibt, zeigen und natürlich auch die Anstrengungen erkennen lassen, die wir alle auf uns genommen haben. Bei den täglichen 9 Stunden Marsch denke ich oft an die Bücher, die ich über die ersten Männer, die die Pole erreichten, gelesen habe!

On our way to the North Pole –
Update April 26, 2007

After a hard day's work we drifted away from the Pole yesterday for more than 6 kilometers. The last flight out of the Arctis is scheduled definitely for April 28, 2007.

The decision has been made! Althoug it is not my ideal intention, we all together decided to be taken nearer to the Pole by a Russian helicopter (MI 8) – together with a dogsled expedition. We have saved some kilometers – which I deeply regret!

We were flown 10 minutes and saved by it about 10 kilometers. If everthing turns out okay and we will not drift again more than 6 kilometers, we should reach the North Pole tomorrow – by skis and with our sleds!

Situation of today: Extremely cold, windy, bad sight. We had several falls, being on skis without any visibility at this impassable place of the world. We had to escape twice from an ice sheet when it began to crack. Our Guide and I touched the water, luckily only with our shoes. I definitely ran for my life! A pity that the pictures via iridium do not arrive. They would show the ice plates shoved one over another and demonstrate the strength of the nature.

Thinking of the unpleasant drifting away, Sisyphus came into my mind! It began to snow in the evening. We are just warming up. Despite all, I am really glad that hopefully we will reach the North Pole tomorrow!

By the way: For 3 years not a single adventure expedition reached the Last Degree by ski! Every time they had to give-up.The helicopter brought two pairs of skis so that everybody is well equipped again.

Today, all wounds are licked!! One could fill many pages about this enormous adventure – but I will rest a little!

German Translation:

Auf dem Weg zum Nordpol – 26. April 2007

Nach harter Arbeit drifteten wir gestern wieder über 6 Kilometer vom Nordpol ab. Der letzte Flug aus der Arktis ist definitiv jetzt am 28. April 07.

Die Entscheidung ist gefallen! Obwohl nicht meine Idealvorstellung wurde gemeinsam entschieden, daß wir mit einem russischen Helikopter (MI 8) – der auch die Hundeschlitten-Expediton näher zum Pol brachte – mitfliegen. Einige Kilometer wurden dadurch gespart – leider, leider! Wir wurden 10 Minuten geflogen und haben dadurch ca. 10 Kilometer gewonnen. Wenn alles gutgeht und wir heute nicht wieder über 6 Kilometer abdriften, müßten wir auf Skiern und mit Schlitten den Nordpol morgen erreichen!

Situation heute: Äußerst kalt, windig, schlechte Sicht! Es gab mehrere Stürze, weil man ohne Sicht auf Skiern in diesem unwegsamen Teil der Welt unterwegs ist. Wir mußten zweimal von einer Eisplatte fliehen, da sie auseinander zu brechen begann. Unser Führer und ich mußten ins Wasser, zum Glück nur mit den Schuhen! Ich rannte im wahrsten Sinn des Wortes um mein Leben! Schade, daß die Bilder über Iridium nicht ankommen! Sonst wäre an den übereinander geschobenen Eismassen zu erkennen, welche Kraft die Natur hier zeigt.

Abends begann es noch zu schneien. Wir wärmen uns gerade auf, und innerlich freue ich mich trotzdem, daß wir den Nordpol morgen hoffentlich erreichen!

Übrigens: Seit über 3 Jahren haben keinerlei Abenteuer-Expeditionen den letzten Grad per Ski erreicht! Jedesmal mußte abgebrochen werden! Der Helikopter brachte zwei Paar neue Skier mit, sodaß jetzt jeder wieder gut ausgerüstet ist!

Wenn ich an das unangenehme Abdriften denke, fällt mir der Sisyphus ein! Heute werden überall die Wunden geleckt!! Man könnte ganze Seiten füllen über dieses riesige Abenteuer – doch ich will mich etwas ausruhen!

Arrival at the North Pole –
Update April 27, 2007

Hell – Heaven !
Now I know that the way to heaven leads through hell! It is more than
extraordinary what we had to go through today.

It started with an usual climb over a wall of ice blocks. Again very bad
visibility and temperatures of about -30°C. Utmost concentration was
necessary. Nevertheless there were falls as the way in front of us was
not to discover.

About 5 kilometers from the Pole with our sleds we suddenly were
stopped. Again we drifted away for more than 4 kilometers from the
Pole. We started in both directions to find a solution to overcome the ice
blocks. There were none! We first decided to round the wall in Eastern
direction. Instead we climbed over three of the ice walls. And there were
falls! After this obstacle we saw very many open gaps in the ice. Jin,
David and I wanted to test the Pole water up to our knees. Water came
into our boots – ice-cold! We found a possibility in direction to the Pole.
Open gaps (broken up to one meter) and snow drifts switched all the
way. Jacob demolished the second pair of skis and had to continue with
snow-shoes!

German Translation:

Ankunft am Nordpol – 27. April 2007

Hölle – Himmel !

Nun weiß ich, daß der Weg zum Himmel durch die Hölle führt! Was wir heute bei der letzten Gelegenheit, den Pol zu erreichen, erlebten, ist mehr als außergewöhnlich.

Es fing an mit einer ganz gewöhnlichen Übersteigung einer Wand aus Eisblöcken. Wir hatten erneut äußerst schlechte Sicht und Temperaturen nahe -30°C. Äußerste Konzentration war notwendig. Trotzdem gab es Stürze, da die Wegstrecke vor uns nicht auszumachen war. Nachdem wir ca. 5 Kilometer vor dem Pol standen mit unseren Schlitten ging es nicht weiter. Erneut waren wir über 4 Kilometer abgedriftet. Wir sind in beide Richtungen losgefahren, um eine Möglichkeit zur Überwindung der Eisblöcke zu finden. Die gab es nicht! Wir haben uns zuerst dafür entschieden, gen Osten die Wand zu umgehen, haben dann aber insgesamt drei dieser Eiswände überwunden. Es gab Stürze! Danach folgten sehr viele offene Stellen im Eis. Jin, David und ich wollten die Temperatur des Polwassers bis zu den Knien testen. Wasser in den Stiefeln – eiskalt! Wir fanden eine Möglichkeit Richtung Nordpol. Ständig wechselten sich offene Stellen (bis zu einem Meter eingebrochen) und Schneeverwehungen ab. Jacob hat das zweite Paar Skier demoliert und mußte mit Schneeschuhen weiterlaufen!

With our last strengths we arrived at the geographical North Pole at 21:14 h – proud to have reached this point of our dreams after 7 days! Looking back, the North Pole was worse than the South Pole! Therefore: The way to heaven you can only reach by going through hell. Hell with respect to the efforts – but also still a reward by fascinating snow and ice sheets, hardly to describe.

Enough for today. Tomorrow we will be collected by helicopter for Borneo and will fly from there – if everything turns out to be okay – with the Antonov to Longyearbyen. We will try again from there to send Richard Laronde the impressing photos we made the last days via computer so that he can put them on the website. I am reflecting to send some more thoughts for the website.

I would like to thank especially Richard Laronde and my wife Heide for the shape of the website with the experiences on our way to the Pole.

I now want to join my sleeping bag to recover from the strains!

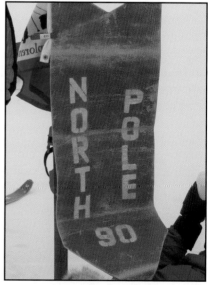

Mit den letzten Kräften erreichten wir um 21:14 h den geografischen Nordpol – stolz, nach 7 Tagen diesen Punkt unserer Träume erreicht zu haben! Rückblickend: So schlimm wie der Nordpol war der Südpol nicht! Deshalb: Den Weg in den Himmel erreicht man nur über die Hölle. Hölle natürlich, was die Anstrengung angeht – aber nach wie vor die Belohnung durch reizvolle Schnee- und Eisflächen, die kaum zu beschreiben sind.

Genug für heute. Morgen geht es mit dem Helikopter nach Borneo und von dort – wenn alles gut geht – mit der Antonov nach Longyearbyen. Von dort wollen wir noch einmal versuchen, Richard Laronde über den Computer unsere beeindruckenden Bilder der letzten Tage zu überspielen, damit er sie in die Website setzen kann. Ich überlege mir, noch ein paar weitere Gedanken für die Website nachzureichen.

Ich danke vor allem Richard und meiner Heide, die diese Website mit den Erfahrungen auf unserem Weg zum Nordpol so schön gestaltet haben.

Jetzt will ich in meinen Schlafsack und mich von den Strapazen erholen!

Eindrücke auf dem Weg zum Pol

www.kern.qv99.com

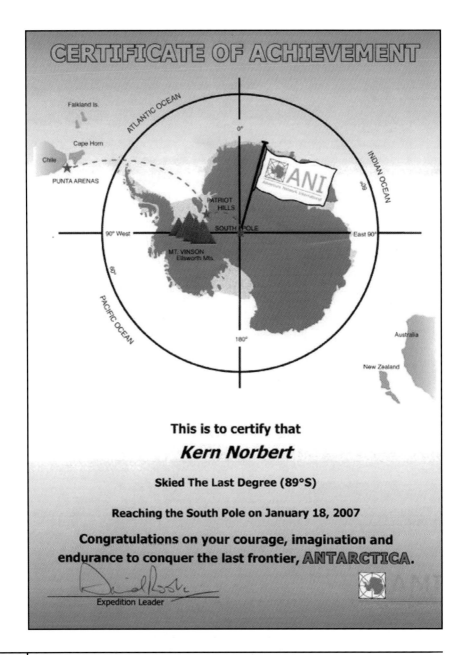

CERTIFICATE OF ACHIEVEMENT

Falkland Is.

ATLANTIC OCEAN

Cape Horn

Chile

PUNTA ARENAS

0°

INDIAN OCEAN

PATRIOT HILLS

SOUTH POLE

90° West

East 90°

MT. VINSON
Ellsworth Mts.

PACIFIC OCEAN

180°

Australia

New Zealand

This is to certify that

Kern Norbert

Skied The Last Degree (89°S)

Reaching the South Pole on January 18, 2007

**Congratulations on your courage, imagination and
endurance to conquer the last frontier, ANTARCTICA.**

Expedition Leader

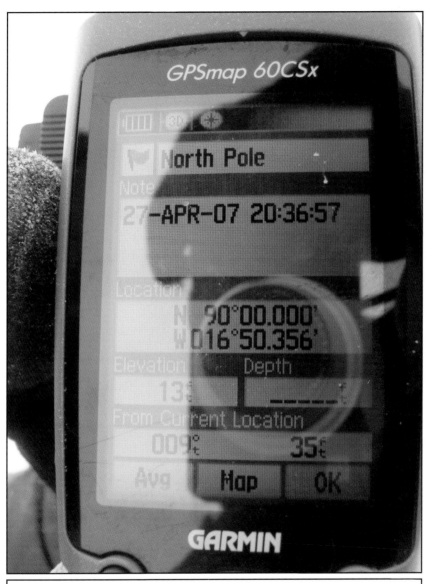

Hier ist der Beweis auf unserem GPS am 27.04.07 exakt auf 90° nördlicher Breite: der Nordpol !!!

Die Sonne über einem der zahllosen Eisaufbrüche, die zu überwinden waren in Richtung Nordpol (90° nördlicher Breite).

Diese und höhere Eisaufbrüche sind täglich bis zu 15mal zu überwinden – mit und ohne Skiern, hoch und runter.

Vorsichtig sind kleinere offene Wasserstellen zu überqueren.

Über Eisbarrieren und Sprung über gefährlich offene Stellen.

Solche Hindernisse sind mehrmals täglich zu überwinden. Norbert Kern (Mitte) bis über die Knie in weicher Schneeverwehung.

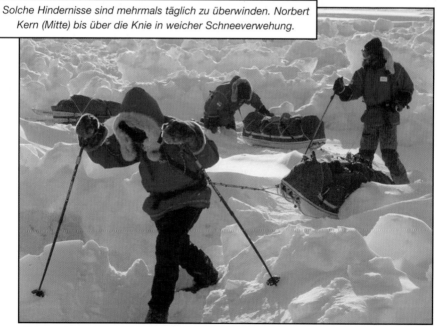

www.kern.qv99.com

Norbert und Jin am geografischen Nordpol.

Ich habe mein Ziel erreicht!

Der Weg zum Nordpol
ist bezwungen!

Voller Stolz präsentiere ich die
Flagge von Dietzenbach.

Jugendtraum erreicht

Kapitel V

Resümee

SÜDPOL

CERTIFICATE

The oldest person to ski to both Poles is Norbert H. Kern (Germany, b. 26 July 1940) who skied to the South Pole on 18 January 2007 and the North Pole on 27 April 2007 when he was 66 years 275 days old

GUINNESS WORLD RECORDS LTD

Nach dem kurzen Flug von Oslo nach Frankfurt haben mich Heide, Kirsten und Dirk mit seinen beiden Kindern in Empfang genommen. Ich brauchte ein paar Tage Zeit, um mich von den doch enormen Anstrengungen zu erholen.

An einige Interviews mit Tageszeitungen hatte ich mich ja bereits nach meiner Rückkehr vom Südpol gewöhnen können.

RTL wollte unbedingt einen kurzen Bericht über unsere Expedition auch zum Nordpol im Anschluß an die Südpol-Reise drehen. Selbst die Frankfurter Allgemeine Zeitung brachte einen Bericht über diese Expedition. Mit Herrn Prof. Hoffmann, Chefarzt des Offenbacher Stadtkrankenhauses und der Chirurg, der 2004 für mein neues rechtes Hüftgelenk sorgte, gab ich ein Interview mit der Offenbach Post.

Sicherlich nicht nur für mich interessant, sondern auch für die Familie war das Certificate der Guinness World Records, das ich im Mai 2007 erhielt. Der Eintrag wird bei der nächsten Ausgabe des Guinness Book of World Records erscheinen. Dies war nicht die Triebfeder für meine beiden Pol-Expeditionen, aber sicherlich eine angenehme „Beigabe".

责编：晋建华　图编：冯颜　版式：鸽子

罗伯特和金飞豹举杯庆祝到达北极点

67岁的德国人罗伯特是欧洲人中到达南北极年龄最大的人

这个倔老头想活到104岁

♥ 生活方式

记者李可

采访对象：罗伯特（德国铁路公司总裁）、海蒂（罗伯特妻子）
翻译：邻咻
采访地点：摩尔大厦B座6楼特艺轩

如梧、和蔼、健谈是德国人罗伯特给人的最初印象——他，67岁高龄却能踏上南北极；唯一能说顺口的中文就是"谢谢"，但和蔼的微笑一直挂在他脸上；在一个小时的采访中，话题从南北极的梦想，到与金飞豹的南极北极结缘，Dream 梦想是他使用最频繁的词语。他说："梦想无止境，我要活到104岁……"

征服南北极，为父亲圆梦

2007年1月19日，完成徒步抵达南极点，4月29日徒步抵达北极点——这两个日子让罗伯特终生难忘。上个月，罗伯特为此荣膺了"达到南北极点欧洲年龄最长人士"的称号。谈起此，罗伯特却是轻描淡写，反复强调："我只是完成了我应该完成的梦想，为了我父亲。"

去年，罗伯特遭遇了人生的最低谷，先是臀部做手术，后又检查出患了癌症。做手术的这起不幸，正是这起不幸，催使他加快了自己实现梦想的脚步，他说："我已经67岁了，没时间再等了。从13岁起，父亲就曾向他讲述过许多关于南北极的事，徒步抵达南北极成为父亲一生未能实现的梦想。因此，为父亲圆梦，成为了罗伯特一生的心愿。

为了准备南北极之旅，罗伯特提前3个月就开始进行体能训练，他说："去探险，并不是去冒险。我离开家时，对妻子说，我一定会健康、安全地回来。"在南北极之旅中，罗伯特从未掉过队。在去北极点时，他曾经还帮助另一位身体透支的美国队员带10多公斤的行李，他自信地说："我的身体并不逊色于年轻人。"

现在，罗伯特已经是两个孩子的父亲，他经营着自己的公司，每天要工作8至10小时，完成抵达南北极的梦想，生活并没有发生变化。他说："努力地工作，快乐地享受每一天的生活，上太空、环游世界都是我以后的梦想，有梦想就一定要努力去实现。"

在南极金飞豹舍身相救

9月4日，罗伯特和妻子第一次来到昆明，还去了大理，他们觉得云南很美，昆明人很热情。夫妻俩从德国到昆明旅游，自然与他们的好朋友金飞豹有关系。说到这里，罗伯特特有感触，他说："第一次喝普洱茶，还是在南极遇到飞豹时。"

"飞豹的英语并不是很好，但不知道为什么我们一见如故，心心相印，在很短的时间里就成为了意气相投的朋友。"罗伯特说。"在去南极点的路上，罗伯特走在前面，突然遇到薄冰，掉进了水中，走在他身后的金飞豹立刻上前抱住他，结果两人一块掉了下去，后来在队友的帮助下才脱离危险。说到这一段时，罗伯特为金飞豹竖起了大拇指。

妻子也喜欢徒步

罗伯特的妻子海蒂个头不高，在丈夫面前显得小鸟依人。"我为他的成功感到骄傲，但在他旅程的过程中，每天都在为他祈祷，为他担心。"海蒂说。当罗伯特提出要徒步到南极、北极点的想法时，第一个反对的就是妻子，她说："可当时我也知道，就算是反对也没有用。因为他是个倔强的老头，他决定的事情别人很难改变。"妻子讲话时，罗伯特手揽着她的腰，眼睛专注地盯着她，看得出，他们很恩爱。

海蒂与罗伯特相识后的第一次约会，就是一次在南极附近地区的徒步之旅。海蒂说："我也会和罗伯特一起背上背包，徒步走上几十公里。最愉快的一次旅行就是，我们开着房车周游澳大利亚全境。任何时候我们想停下享受当地的风土人情，随时，也都可以上路。"

罗伯特夫妇向记者讲述征服南北极的经历　　记者韩亿国/摄

Interview im China Daily vom 06.09.2007

Jugendtraum erreicht

Gemeinsam mit unseren Freunden Birgit und Peter Neubauer haben wir im August/September 2007eine äußerst interessante und spannende China-Reise unternommen. Mein Begleiter bei beiden Pol-Expeditionen und in der Zwischenzeit auch mein Freund Jin Fei Bao organisierte eine Kultur- und historische Reise zu einigen sehenswerten Plätzen in China für uns, nicht zuletzt natürlich auch zu seiner Heimatstadt Kunming in der Provinz Yunnan. Während unseres Aufenthaltes in Kunming wurde ich um ein Interview für eine der größten Tageszeitungen in Yunnan gebeten. Heide und ich erschienen einen Tag später in dieser Zeitung mit einem netten Artikel und einem schönen Foto von uns. Jin Feibao zählt in der Zwischenzeit zu den bekannten Menschen in China, wird wahrscheinlich die Olympische Fackel für seine Provinz Yunnan bei der Eröffnungsfeier der Olympischen Spiele 2008 in das Stadion in Peking tragen. Er wurde ausgesucht, 2009 beziehungsweise 2010 mit der NASA zum Mond zu fliegen.

Gunther Junkert

63128 Dietzenbach, 30. Juli 2007
Kurt-Schumacher-Allee 18

Lieber Norbert,

schon lange drängt es mich, Dir zu Deiner grandiosen Leistung der doppelten Polbezwingung mit Kameraden zu gratulieren. Gesundheitliche und andere Probleme <u>verdrängten</u> das bisher immer wieder. Doch nun erzählte mir Herbert Kranz von Deinem Geburtstag und dass er bei Radio Fortuna einen größeren Beitrag mit Dir arrangierte.

Nachträglich unsere herzlichste Gratulation zu Deinem Geburtstag. Wir, meine Frau Hildegard und ich, wünschen Dir Gesundheit Glück und Freude.

„Mit 66 Jahren, da fängt das Leben an ..." singt Udo Jürgens optimistisch frisch. Du, lieber Norbert, erfülltest Dir mit 66 einen Jugendtraum, las ich, der schon mit Deinem Vater und Deinem Bruder Gestalt gewann.

Leider behielten wir seit der Beendigung meines Vorsitzes im SPD Ortsverein kaum mehr Kontakt miteinander. Nach meiner Darmkrebsoperation im Frühjahr 2004 lag ich halt mehr im Krankenhaus unterm Messer, als stritt in Dietzenbach für unsere Interessen. Noch stehe ich zwar in Behandlung, doch ein Krankenhaus brauchte ich seit März dieses Jahres nicht mehr von innen betrachten.

Die Berichte über Deine Touren verfolgte ich sehr aufmerksam und interessiert. Du hast nicht nur (nach Stadtpost) in einem Jahr beide Pole „bereist", sondern in nur vier Monaten von Januar bis April dies Jahres Südpol und Nordpol erstürmt. Das ist wahrlich sensationell und imponierend.

Du rammtest den Dietzenbacher Wimpel mit Wappen in das Eis beider Pole. Ein Foto davon konnten alle in der Offenbach Post bewundern. Die Dietzenbacher müssten Dir ein Denkmal setzen. Na, wenigstens möchte Dich der Dietzenbacher Bundestagsabgeordnete, Vorsitzender des Ausschusses für Verkehr,Bau und Stadtentwicklung, Dr. Klaus Lippold (CDU) kennenlernen.

Nun steht – nach Presse – die Bereisung Grönlands auf Deinem Programm. Gern würde ich vorher mit Dir doch wieder einmal persönlich zusammentreffen, aber sicher musst Du viele Termine wahrnehmen.

Wahrscheinlich beziehst Du die „NATIONAL GEOGRAPHIC"selbst. Doch als Beleg für mein Interesse, lege ich das Mai-Heft 2007 bei (S. 142 und 176ff.). Hoffentlich fühlst Du Dich durch meine Zuschrift nicht belästigt. Mich drängt eben einfach, Dir meine Bewunderung. meinen Stolz „einer von uns" in doppeltem Sinne: SPD Genosse und Dietzenbacher, meine Freude und mein Interesse kund zu tun.

Dein
Gunther

Bleibt mir nur noch einmal – wie bereits an einigen Stellen dieses Büchleins – zu erwähnen, daß ich ein großes Glücksgefühl empfand, beide Pole innerhalb der kurzen Zeit (im Januar und April 2007) durch eigene Kraft auf Skiern und mit nachgezogenem Schlitten erreicht zu haben. Ich erlaube mir noch einmal den Hinweis, daß mir vor allem der Weg zum Nordpol klar machte, daß die Menschen auf der gesamten Welt den Planet Erde ernster nehmen müssen, liebevoller, sorgsamer und schonender in Gedanken an unsere Kindeskinder mit ihm umgehen müssen. Unsere Wasservorräte im Eis auf und um die beiden Pole sind in jeder Hinsicht von größter Bedeutung. Al Gore mit all seinen Anstrengungen wird sich natürlich bedeutend intensiver in unser Gewissen einprägen als dies Pol-Fanatiker tun können.

Ich hoffe, mein Körper gestattet mir, im kommenden Jahr Grönland von Ost nach West – etwa 600 km – mit Schlittenhunden zu durchqueren – wahrscheinlich wieder mit Jin Fei Bao.

Rhein-Main

„Der Weg zum Himmel führt durch die Hölle"

Norbert Kern aus Dietzenbach fährt trotz künstlichem Hüftgelenk auf Skiern zum Nord- und zum Südpol

DIETZENBACH. Auf Skiern und mit einem 50 Kilogramm schweren Schlitten im Schlepptau ist Norbert Kern im Januar dieses Jahres zum Südpol gelaufen. Nur drei Monate später schaffte er es mit einer anderen Gruppe auch zum Nordpol. Mit seinen 66 Jahren war Kern der älteste Mensch, der beide Pole innerhalb eines Jahres auf Skiern erreicht hat. Dass der gebürtige Frankfurter, der seit Jahrzehnten in Dietzenbach lebt, die Strapazen in der Arktis und Antarktis, die zu den kältesten, windigsten und unwirtlichsten Gebieten der Erde zählen, überstanden und das Ziel erreicht hat, grenzt fast an ein Wunder. Denn Kern war nicht nur wesentlich älter als die übrigen Teilnehmer der international besetzten Expeditionen, sondern hat diese Leistung auch mit einem künstlichen Hüftgelenk vollbracht. Deshalb hatte ihm Professor Reinhard Hoffmann vom Offenbacher Klinikum, der ihm 2004 die künstliche Hüfte implantiert hatte, auch von der Fahrt abgeraten. Doch Kern ließ sich nicht abhalten. Als Ende 2005 ein Prostatakarzinom bei ihm entdeckt wurde, beschloss er: Wenn ich den Krebs überwinde, werde ich mir meinen Jugendtraum endlich erfüllen.

Im Sommer 2006 begann er, sich systematisch auf die Reise vorzubereiten. Dafür fuhr er zweimal mit einem Skilehrer ins Wallis. Auf Skiern zogen sie hoch aufs Matterhorn, um dann mit dem Lift herunterzufahren. Die Menschen hätten nur den Kopf über „die beiden Verrückten" geschüttelt, erzählt Kern.

Eine gewisse Härte verdankt der langjährige Bundesliga-Handballer auch seiner Herkunft. Aufgewachsen mit acht Geschwistern im Frankfurter Arbeiterviertel Riederwald, hat er schon als Junge durch Kegelaufstellen am Abend und Brötchenaustragen am frühen Morgen zum Familieneinkommen beigetragen. Auch beruflich konnte sich der heute Siebenundsechzigjährige durchsetzen. Nach dem Verkauf seiner Speditionsfirma arbeitete er im Vorstand von Kühne + Nagel, baute später die internationalen Netze der Spedition Kellmann auf und war Anfang der neunziger Jahre Vorstandsvorsitzender der DB-Cargo AG. Heute berät er große Unternehmen im Eisenbahnverkehr.

Das Fernweh hatte Kern schon früh gepackt. Mit 14 unternahm er die erste Fahrradtour an den Bodensee, mit 16 an die italienische Riviera, und mit 17 radelte er mit Freunden über den Brenner bis nach Sizilien. Die Sehnsucht nach den Erdpolen stammt vom Vater, der als junger Mensch fasziniert vom Wettlauf um die Ersterreichung des Südpols zwischen Sir Robert Falcon Scott und Roald Amundsen verfolgte und seinen Kindern davon erzählte.

Doch der Leiter des Südpol-Teams wollte ihn aufgrund seines Alters und seiner Krankengeschichte zunächst nicht mitnehmen. Doch Kern legte zwei ärztliche Atteste vor, die ihm bescheinigten, körperlich fit zu sein. Eine gute Kondition ist unerlässlich, denn die Männer waren täglich zehn Stunden bei minus 35 bis 40 Grad und extremem Wind unterwegs. Durch die starke körperliche Anstrengung verlor Kern auf jeder Tour etwa sieben Kilogramm an Gewicht, obwohl etwa alle 90 Minuten ein Stopp eingelegt wurde, damit die Polarwanderer etwas essen und trinken konnten. Täglich verbrauchten sie 6000 bis 8000 Kalorien. Kurz vor dem Südpol wollte ein Amerikaner entkräftet aufgeben. Doch Kern sorgte dafür, dass das Gepäck des Mannes aufgeteilt wurde. Er selbst lud sich zwölf Kilogramm zusätzlich auf den Schlitten, der mit Ersatzkleidern, Nahrung, Zelt, Schlafsack und Seil bepackt war. Obwohl die Essensvorräte im Laufe der Tour abnahmen, verringerte sich das Gewicht auf dem Schlitten nicht. Denn die Teilnehmer mussten alle Abfälle und sonstigen Hinterlassenschaften (dazu zählen auch körperliche Ausscheidungen) mit zum Stützpunkt nehmen, um sie dort zu entsorgen.

Über die 178 Kilometer lange Wanderung zum Nordpol sagt Kern: „Nun weiß ich, dass der Weg zum Himmel durch die Hölle führt." Die Anstrengung war größer als bei der Expedition im Januar. Immer wieder mussten meterhohe Eisblöcke überwunden oder wegen offener Stellen im Eis Umwege in Kauf genommen werden. Stürze blieben nicht aus. Zweimal brach Kern bis zum Knie ins Eis ein. Einmal brach eine Eisplatte auseinander. Zuerst hörte Kern das Knirschen, dann teilte sich die Platte. „Da musst du sehen, wo du bleibst", sagt er. Nach einer Minute war der Spalt bereits vier Meter breit.

Der Marsch zum Nordpol wurde ein Wettlauf gegen die Zeit. Weil auf dem Landeplatz die Eisplatte geplatzt war, musste die Gruppe fünf Tage in Spitzbergen warten. Erst am 19. April konnte es losgehen.

Gut geschützt vor der Kälte: Norbert Kern auf seiner Tour an den Nordpol

Foto privat

Norbert KERN hat sich mit 66 Jahren einen Jugendtraum erfüllt und sowohl den Nord- als auch den Südpol auf Skiern bereist.

Die Zeit wurde knapp, denn der 28. April war der letzte Termin für einen Rückflug, da das Eis im Frühjahr zu dünn wird. Kurz vor dem Ziel drohte die Expedition zu scheitern. Zwar waren sie am 27. April nach neun Stunden Wanderung nur noch zwei Kilometer vom Nordpol entfernt, doch Eisbarrieren und offene Stellen versperrten ihnen den Weg. Einige Teilnehmer wollten aufgeben, Kern konnte sie überreden weiterzulaufen. Mit letzten Kräften erreichten sie nach weiteren fünf Stunden am 27. April gegen 21 Uhr den geographischen Nordpol. Zu sehen ist dort außer Eisschollen nichts. Lediglich das GPS-Gerät gab ihnen die Gewissheit, dass sie exakt am 90. Breitengrad Nord waren.

Trotz der Müdigkeit feierten sie ihr bisschen. Ein Teilnehmer hatte Piccolo-Sekt dabei, den die Männer unter der Kleidung am Körper auftauten. Am nächsten Morgen waren sie in ihren Zelten schon wieder vier Kilometer vom Pol entfernt, weil das Eis vom Nordpol wegdriftete.

Kern ist stolz und glücklich, dass sie es geschafft haben. Er erzählt von einem Unfall, der sich im Januar am Südpol ereignete. Ein 34 Jahre alter Arzt war beim Abstieg in eine Spalte gefallen und verlor offensichtlich die Nerven. Der Mann zog sich den rechten Handschuh aus. Nach nur 20 Minuten bei minus 40 Grad waren vier Finger erfroren. Nur der Daumen konnte gerettet werden. Auch Kern hat erlebt, wie gefährlich die extreme Kälte ist. Als er den Zipp-Verschluss einer Tüte mit Nüssen nicht aufbekam, entledigte er sich des Überhandschuhs. Und obwohl er noch den Fäustling anhatte, waren seine Fingerkuppen nach einer Viertelstunde erfroren. Bis heute fühlen sie sich noch taub an. Dennoch plant er für nächstes Jahr eine weitere Tour: Grönland mit dem Hundeschlitten. AGNES SCHÖNBERGER

Jugendtraum erreicht